창가학회와 재일한국인

창가학회와 재일한국인

조성윤 지음

한울
아카데미

시작의 색깔

연구실 창밖으로 초록이 여물어가던 1997년의 어느 봄날이었다. 복도를
지나가는 학생들의 발걸음 소리마저 경쾌하게 들리던 새 학기의 학교에는
사방에 젊고 발랄한 기운이 돋아나고 있었다. 그 전화벨 소리가 울린 것은
창밖을 보며 필자가 기지개를 켜고 있을 때였다.

전화를 건 이는 필자가 근무하는 제주대학교의 기획실장이었는데, 그는
지금 막 학무회의를 마치고 나왔다며 "창가학회(創價學會)가 대체 어떤 종
교냐"고 물었다. 기획실장은 제주대학교와 일본 도쿄의 창가대학교(創價大
學校)의 자매결연에 관한 학무회의를 했는데, 두 위원의 반대로 자매결연
이 보류되었다고 했다. 그 위원들의 주장은 "창가대학은 '남묘호렌게쿄'라
는 이상한 종교 단체가 세운 학교이며, 유사 종교에서 세운 일본의 대학교
와 교류하면 제주대학교가 한국 국립대학으로서의 위상을 해치게 된다"는
것이었다. 기획실장은 아마도 그들이 개신교 교회에서 장로를 맡고 있어
종교 문제에 민감한 것 같다고 했다.

봄날의 신선한 공기 속에서 묵직하고 불온한 것이 다가올 때의 긴장감이 느껴졌다. 전화선을 타고 들려온 '이상한 종교', '유사 종교'라는 말이 무척 귀에 거슬렸다. 어째서 사람들은 자신이 좋아하지 않는 것에 대해 서슴없이 '이상하다'는 표현을 하는 것일까. 어떤 대상에 낙인을 찍는 것은 오히려 자기 자신이 편견이 많은 사람임을 드러내는 것이 아닐까. 창가학회를 바라보는 부정적인 시선을 알면서도 그 종교의 신도가 된 사람들은 어떤 생각을 하며 자신의 신앙을 지켜나가고 있을까. 이런저런 생각을 하면서 창밖을 보다 보니 머릿속이 복잡해졌다.

기획실장에게 조사한 후 대답을 해주기로 했으니 우선 창가학회 자료를 찾아 읽기 시작했다. 창가학회에 대한 국내의 논문은 세 편이 있었다.

먼저 『현대종교』에 실린 탁명환의 논문은 "창가학회가 일본의 군국주의적인 위험한 교리를 갖고 있고, 종교 단체이지만 정치 집단이나 마찬가지이므로 받아들여선 안 된다"(탁명환, 1991)는 주장을 담고 있었다. 그런데 그의 글은 대부분 일본 잡지에 실린 창가학회 비판 기사들을 재구성한 것이었다. 그는 창가학회의 한국 포교를 일본 문화의 침투로 규정했지만, 사실에 근거하기보다는 추측이 많았다. 직접 관련자들을 만나보고 현장을 조사한 것이 아니었고, 개신교의 입장에서 이단을 비판하는 방식을 취하고 있었으며, 비판이라기보다는 비난에 가까웠다.

이강오의 글은 달랐다. 그는 한국창가학회 신도들을 직접 만나 인터뷰하고 일본의 관련 자료들을 보충해 탁명환보다 깊이 있게 분석했다. 그는 "창가학회는 일본 불교의 뿌리에서 나온 신종교"라고 설명한 다음, "일본 불교 중에서도 법화신앙은 국수주의적 성격이 있으므로 한국에서 받아들일 때는 신중해야 한다"(이강오, 1992)고 지적했다. 그러면서도 일본 현지 조사를 하지 않았기 때문인지 문제가 있다는 식의 단정은 내리지 않았다.

박승길은 문헌 조사를 통해 창가학회 교리를 상세하게 설명하는 한편, 한국창가학회의 관련자들과 만나 면담을 하거나 질문지를 이용한 조사를 실시했다. 그는 "기존 연구는 창가학회가 일본 신종교라는 사실만으로 일본 종교의 한국 침투를 우려하는 입장이나, 특정의 종교관에 따라 그 단체의 비진리성을 드러내려는 의도"(박승길, 1994)라고 비판했다. 그러면서 이제는 그런 식의 비판에서 벗어나야 한다고 강조했다.

1964년 문교부는 창가학회를 왜색종교(倭色宗敎)라는 이유로 포교 금지령을 내렸다. 물론 이 금지령은 이듬해인 1965년 대한민국 헌법에 따라 신앙의 자유에 위배된다는 법원의 판결이 내려지면서 그 효력이 사라졌다. 하지만 그 뒤에도 한국 정부는 사회적 정서에 반한다는 이유로 창가학회 포교를 방해했다. 경찰은 창가학회를 요시찰 단체로 규정하고 사찰을 계속했고, 언론은 창가학회가 왜색종교라는 비판 기사를 수시로 게재했다. 이로 인해 한국의 창가학회 신도들은 사회적 냉대 속에서 신앙 활동을 해야 했다.[1]

그로부터 30여 년이 지난 1997년 당시에도 창가학회는 박정희 정권 때 반일 감정에 의해 만들어진 왜색종교라는 이미지가 여전했고, 이것은 일본의 대학과 한국의 대학의 자매결연이라는 구체적이고 실질적인 문제에까지 영향을 주고 있었다. 그 자매결연이 가져다줄 학생복지 차원의 긍정적인 이익보다는, 한국을 식민지 나라로 만든 일본과 그 나라에서 만들어진 종교란 정당하지 않다는 막연한 불안감이 학교 행정의 탁자 위에 올라와 있었던 것이다.

---

[1] 한국창가학회의 자세한 역사는 다음 성과를 참조할 것. 박승길, 『현대 한국사회와 SGI: 한국SGI와 대승불교운동의 사회학』(도서출판 태일사, 2008).

필자는 몇 가지 논문과 자료를 정리한 다음 기획실장을 찾아가 창가학회가 어떤 종교 단체인지 직접 연구를 해보지 않아 자세히 알 수는 없으나, 교류를 하지 못할 만큼 문제가 있는 집단은 아닐 것이며 창가대학교와 자매결연을 추진해도 무방할 것이라고 조언했다.

경계와 호기심

그 뒤 제주대학교는 창가대학교와 결연을 맺었고, 여름방학과 겨울방학 기간 동안 학생들이 상호 방문 행사를 갖는가 하면, 해마다 교류 프로그램을 통해 각 학교의 학생 2명이 서로의 학교에 유학해 공부를 하게 되었다. 1999년 가을에는 제주대학교가 국제창가학회(SGI) 회장이자 창가대학교 설립자인 이케다 다이사쿠(池田大作)에게 명예박사 학위를 수여하기도 했다.

그러나 학무회의에서 반대 의견이 있었음에도 교류가 잘 진행되자 필자의 마음 한쪽에 불편한 구석이 생겼다. 창가학회가 불온한 종교 단체가 아니라고 한 필자의 대답의 근거는 국내 학자가 쓴 세 편의 논문뿐이었다. 제대로 알고 대답했다고 할 수 없었고, 자매결연 중 문제가 생긴다면 내 책임도 있다는 불안감이 들었다. 그래서 기회가 되면 직접 일본에 가서 창가학회가 어떤 단체인지 조사해야겠다고 생각했다.

필자는 1999년 12월 말부터 2000년 2월까지 겨울방학 기간 동안 제주대학교 교내 단기교류 프로그램의 지원을 받게 되었다. 그래서 창가학회를 조사하기로 마음을 정하고 도쿄 하치오지(八王子) 시에 있는 창가대학교 교원 숙소에서 두 달간 머물렀다. 그곳에서 창가대학교의 소장 자료를 찾아 읽는 한편, 교수들과 면담했다. 그리고 도쿄 시나노마치(信濃町)에 있는 국제창가학회 본부도 방문해 광보실장, 조직국장 등의 간부와 만나 궁금한 것들을 물어보았다.

이때까지만 해도 필자는 일본어 회화를 공부한 적이 없어서 일본어로 대화하는 것이 불가능했다. 일본 학자들이 쓴 논문을 사전을 찾아가며 읽을 수는 있었으나, 말을 한마디도 할 수가 없어서 언제나 통역에 의존하는 것이 매우 불편했다. 당시 한국 역사학계의 분위기상 일본어 공부는 필요하지만 일본인들과 대화할 필요는 없다는 생각이 보통이었다. 필자 역시 그런 생각을 갖고 있었고, 일본에 대한 막연한 적대감과 경계심을 갖고 있었다. 그것이 일본 종교를 연구하면서 저도 모르게 모습을 드러내고 있었다. 일본창가학회 관계자들을 만나러 다니던 필자 내면의 경계심과 적대감은 한국에서보다 지독하고 날이 선 것이어서 위험해 보이기까지 했다.

창가대학 숙소에서 머물던 어느 날 시내에 나갔다가 헌책방에 들렀는데, 그곳 서가에 창가학회를 비판하는 내용의 책들이 꽂혀 있었다. '행복의 과학(幸福の科學)'이라는 교단 본부가 펴낸 『창가학회 망국론(創價學會亡国論)』, 『창가학회 패배자론(創價學會負け犬論)』, 『창가학회 드라큘라론(創價學會ドラキュラ論)』은 모두 1995년에 출판된 책들이었다. 험악한 제목 때문에 무척 놀랐는데, 표지나 띠지에는 '창가학회는 최대·최악의 사교'라거나 '창가학회는 일본인의 피를 빨아 먹는 드라큘라 컬트 교단'이라는 설명이 쓰여 있었다. 그 책들을 구입해 돌아와 밤늦도록 읽었다. 그 책들을 통해 창가학회를 비판하는 세력들의 목소리를 들을 수 있었지만, 유감스럽게도 내용은 구체적인 사실 제시와 논리적 비판이 아닌 일방적인 저주와 비난으로 가득 차 있었다. 그 뒤에도 필자는 수시로 헌책방을 돌면서 창가학회에 관한 책들을 살펴보았다. 창가학회를 비난하는 책은 엄청나게 많았다. 특히 창가학회의 이케다 회장을 음모가, 야망에 가득 찬 권력자로 묘사한 책이 상당히 많았다.

　필자는 창가학회에 대한 비판 서적을 보면서 일본 사회 내에서 창가학회가 자민당과 수많은 종교 단체, 그리고 언론의 공동의 적이 되어 있음을 알았다. 그래서 좀 더 구체적으로 그들이 무엇을 비판하는지 알고 싶어졌다. 그리고 그러한 비판이 수십 년 동안 이어졌는데도 창가학회가 어떻게 해서 그 수많은 신도를 확보할 수 있었는지, 그리고 실제 조직 내부가 어떤지 궁금해졌다. 그러나 시중에 나온 책만 봐서는 알 수 없었다. 창가학회가 많은 신도를 확보했을 뿐만 아니라 공명당이라는 정당을 조직해 정치 일선에 뛰어들어 단시일 내에 제3당의 지위까지 확보한 점이 일본 사회의 주류 종교 세력과 자민당을 비롯한 정부 여당의 경계 대상이 된 이유가 아닌가, 그 연장선상에서 창가학회에 대한 비난 여론이 끊이지 않는 것이 아닌가 짐작할 뿐이었다.

　창가대학교에 머물던 두 달 동안 일본의 창가학회 관계자 · 신도 들을 면담하고 종교 연구자들과 교류하면서 창가학회가 '이상하고 문제가 많은 종교'라는 생각은 들지 않았다. 창가학회 관계자 · 신도 들은 성실하고 진지한 태도를 갖고 있었고, 비신도와 토론이 가능한 사람들이었다. 그리고 일본 종교 연구자들을 통해서 일본 학계의 종교 연구 수준이 상당히 높다는 것을 새삼 느끼게 되었다. 그동안 한국 종교 · 역사만이 내 자신의 연구 범위라고 생각했던 필자는 일본 종교로 연구의 범위를 넓히고 그들과 교류하고 싶어졌다.

일본 속의 한국인, 그들의 일본 종교

　필자는 창가대학교에서 돌아온 후 2001년에 또 다른 일본 신종교인 천리교(天理敎)를 연구하기 위해 일본의 일한문화교류기금(日韓文化交流基金)의 지원을 받아 천리대학교에 가서 반년 동안 지냈다. 천리교를 연구하게 된 가장 큰 이유는 도쿄대학교의 시마조노 스스무(島薗進) 교수의 조언 때문이었다. 창가대학교에 머물 당시 그는 필자와 창가학회에 대한 이야기를 하다가 일본 종교에 대한 좀 더 폭넓은 이해가 필요하다는 조언을 해주었다. 그러면서 먼저 천리교를 이해할 것을 권했다.

덴리(天理) 시에서 생활하면서 필자는 한국인 천리교 신도를 여럿 만나게 되었다. 그들은 필자에게 한국인 천리교 신도들에 관해 많은 이야기를 해주었다. 그들을 통해 천리교가 일제 시대에 조선 땅에서 가장 열심히 포교하던 일본계 종교였으며, 지금도 일본의 천리교 신도들 중 상당수가 재일한국인이라는 사실을 알게 되었다. 영우회(靈友會), 입정교성회(立正佼成會) 등 다른 신종교에도 재일한국인 신도가 많았다. 일본계 종교에 한국인 신도가 많다는 것이 놀라웠다. 더러는 천리교보다 창가학회에 재일한국인 신도가 더 많다는 재일한국인도 있었다.

그런데 더 놀라운 사실은 일본계 종교의 한국 포교 과정에서 가장 큰 힘을 발휘한 것이 일본 교단 본부의 조직적인 힘이 아니라, 일본에서 생활하면서 일본계 종교를 받아들인 재일한국인들의 적극적인 포교 활동이라는 것이었다. 말하자면 일본인들이 한국인들을 정신적으로 지배하기 위해서 의도적·조직적으로 포교 전략을 짜서 한국에 침투한 것이 아니라, 재일한국인 신도들이 자발적으로 고향 사람과 친척들에게 자신들의 신앙을 전파했다는 것이다. 일본 교단 본부는 이러한 재일한국인들의 노력을 알고 필요한 지원을 했을 뿐이었다.

그렇다면 재일한국인들은 반일의식이 강한 한국에 어째서 일본의 종교를 전파한 것일까. 한국에서는 창가학회를 일본에서 생겨난 종교라는 점에서 사이비 종교라고 여기는 사람이 많고, 일본 사회에서도 창가학회를 위험하고 이상한 종교로 보는 시각이 많다. 또한 창가학회가 외부와 벽을 쌓아놓고 내부를 공개하지 않는다는 내용의 비난도 자주 들린다. 한국의 창가학회 신도들은 외부의 따가운 시선을 의식한 나머지 언론에 자신들이 공개되는 것을 극도로 꺼리기도 한다. 편견은 사회 구성원들이 서로의 차이를 긍정적으로 받아들이지 못하게 한다. 사회가 불안할수록 편견의 벽은 공고해져서 서로 간의 소통을 막고 화합을 방해하며, 이로 인해 사회 갈등이 생긴다.

필자는 창가학회를 교단 밖에서 바라보면서 평가하기보다는, 교단 내부로 들어가 신도들과 대화하면서 그들의 삶과 신앙을 이해하는 작업이 필요하다고 생각했다. 또한 일본의 식민지 지배로 인해 형성된 재일한국인 집단이 어째서 일본의 종교를 선택하게 되었는지, 그들이 왜 일본 안에서조차 적대감의 대상이 되고 있는 창가학회의 회원이 되었는지, 재일한국인은 일본 사회 안에서는 어떤 존재이며 그들은 어떤 생활을 하고 있는지 조사해보고 싶어졌다.

창가학회는 한국에서는 일본 종교라는 이유로, 일본에서는 세력이 강한 종교 단체라는 이유로 경계심과 적대감의 대상이 되어왔다. 재일한국인은 '조센진(朝鮮人)'이라고 폄하되어 불리던 시기를 지난 지금까지도 일본 사회 안에서 여전히 아웃사이더다. 재일한국인은 한국에서는 정치적·정서적 문제로 한국인으로 여겨지지 않으며, 일본에서는 일본인과 다른 차별을 겪으며 수많은 제약을 받으며 살아가고 있다. 따라서 그들이 일본 사회 안에서 어떤 모습으로 살아가고 있는지 조사하면 사회 갈등을 수용하거나 해결하기 위한 방식을 알아볼 수 있을 것이란 기대가 생겼다. 특히 창가학회 회원이 된 재일한국인들을 연구하면 사람들이 어떻게 편견을 거부하며 새로운 길을 모색하게 되는지 알게 될 것이며, 그 과정에서 뜻하지 않은 어떤 의미를 찾게 될 것이라고 생각했다.

2006년, 필자는 일본에서 1년간 머물 기회를 얻었다. 창가학회, 그리고 일본에서 살아가고 있는 재일한국인들에 대한 연구는 이렇게 느리고 더딘 과정을 거치며 필자의 주제가 되었다. 그리고 그로부터 10년이 넘는 시간이 흘렀다. 본격적인 연구를 하겠다며 일본으로 건너가 창가학회 재일한국인 회원들을 만났던 2006년으로부터도 6년이나 흘렀다. 많은 이의 도움과 응원에 비해 연구의 성과로서의 이 책이 부끄럽다. 알아내고자 했던 것을 다 알아내지도 못했고, 파악하고자 했던 의미도 다 꺼내놓지 못했다. 좀 더 조사해보고 싶다는 생각, 더 연구를 해야 처음의 의문을 풀 수 있을 것 같다는 마음은 지금도 여전하다. 그럼에도 여기서 작은 마침표를 찍는다.

사실 이 연구를 위해 많은 사람이 애를 써주었으나 필자는 그들에게 속으로만 고마워할 뿐 마음을 잘 표현하지 못했다. 이들을 위해 몇 자 적기로 한다.

먼저 재일한국인과 창가학회를 연구하기 시작한 이래, 필자의 조수 노릇을 해준 아내 김미정은 마누라의 잔소리와 조수의 의견을 번갈아 내놓으며 필자를 자극했다. 아내의 헌신이 없었다면 대화집은 물론 이 연구서도 세상에 나오기 어려웠을 것이다. 필자가 일본창가학회의 재일한국인 신도들을 인터뷰해서 책을 쓰겠다고 기획했을 때, 아내는 기꺼이 조수 노릇을 하겠다고 자청했다. 그러나 아내도 조수의 일이 이토록 오래 이어질 줄은 예상하지 못했다. 아내는 오랜 기간에 걸쳐 인터뷰 내용을 모두 녹취록으로 만드는 작업을 해주었을 뿐만 아니라, 인터뷰 녹취록 중에서 일부를 선별하고 편집해 『숙명 전환의 선물』을 만드는 작업을 함께했다. 필자가 시작한 연구 작업이지만 아내는 조력자에서 출발해 공동 작업자가 되었다.

다음으로 감사할 분들은 재일한국인이자 창가학회 신도인 이 책의 주인공들이다. 그들은 기꺼이 인터뷰에 응해주었고, 이 책의 출간을 진정으로 기원해주었다. 그리고 이번 조사 과정 전체를 도와준 일본창가학회 광보실 오모가와 도시아키(重川利昭) 부장과 이도가와 유키토(井戸川行人) 씨, 일본 창가학회 본부의 이토 마사애(伊藤正恵) 씨에게도 감사드린다. 특히 오모가와 부장은 이 책의 출판에 말로 다할 수 없는 애정을 쏟아주었다. 그는 필자가 면담을 할 수 있도록 재일한국인들을 소개해주는 도움에서부터 책에 들어갈 사진을 구해주는 일뿐만 아니라, 자주 이메일을 통해 진행 사항을 물으며 필자를 독려했다. 2006년 도쿄 지역 조사를 위해 창가대학에 머물도록 도와준 창가대학의 데라니시 히로토모(寺西宏友) 부학장과 국제부 직원분들, 오사카와 고베 지역 조사를 도와준 간세이가쿠인대학(關西學院大學) 사회학부의 쓰시마 미치히토(對馬路人) 교수에게도 감사드린다. 또한 간사이 지역 조사 기간 동안 재정적 지원을 맡아준 일본국제교류기금(Japan Foundation)에 감사드린다.

필자가 일본 종교 연구에 발을 내딛고 눈을 뜨게 해준 한일종교연구포럼 분들에게도 감사를 드리고 싶다. 특히 한국의 정진홍, 양은용, 박승길, 이원범, 유성민, 신광철, 박규태 교수, 일본의 야스마루 요시오(安丸良夫), 시마조노 스스무, 가쓰라지마 노부히로(桂島宣弘) 교수에게 감사드린다. 필요한 자료를 제공해주고 조언을 아끼지 않은 니시야마 시게루(西山茂), 이소오카 데쓰야(磯岡哲也) 교수에게도 감사의 말을 전한다.

필자는 먼저 완성된『숙명 전환의 선물』을 앞서 출판하려고 마음먹고 있었다. 그러나 도서출판 한울의 김종수 사장은 대화집과 연구서를 함께 출판해야 의미 있는 작업이 된다고 했다. 그의 조언은 매우 시기적절했으며, 지지부진하던 원고를 마저 쓰도록 필자를 자극했다. 도서출판 한울의 직원들은 우리 부부 이상으로 이 책의 출간에 마음을 다해 주었다. 감사드린다.

그밖에도 여러 분이 도움을 주었다. 여기서 일일이 다 거론할 수 없지만 그분들이 필자에게 보내준 신뢰와 응원을 모두 기억하고 있다. 그분들의 마음을 담은 기다림 덕분에 이 책이 세상에 나올 수 있었다고 믿는다. 이 책이 재일한국인, 창가학회 신도들의 삶과 신앙을 보여주고 사람들의 공감을 얻을 수 있으면 좋겠다.

2013년의 봄을 기다리며,
조성윤

차례

제 1 장

연구의 대상과 방법

1. 자이니치와 창가학회

창가학회의 재일한국인 신도를 연구하겠다고 마음먹었지만 무슨 내용을 어디서부터 해야 할지 막막했다. 일본 사회 내의 마이너리티(minority)인 재일한국인이자, 동시에 창가학회 신도이기도 한 그들은 도대체 어떤 존재인가. 역사적 이유는 다르지만 '자이니치(在日)'와 '창가학회'는 둘 다 일본 사회에서 잘 받아들여지지 않고 있는 집단이라는 공통점이 있다. 그런데 그 이유는 각각 달랐고, 그것은 아직 충분히 연구되지 않은 채 막연한 선입견 위에 구축된 이미지가 계속 증폭되면서 현실로부터 멀어져 왔다. 필자는 이러한 이미지를 파악하고 그 심층구조를 이해·해석해야 한다고 생각했다. 그런 점에서 여기서의 연구 대상은 크게 두 축 위에 놓여 있다고 할 수 있다. 하나는 '민족'이라는 축이고, 다른 하나는 '종교'라는 축이다.

그러나 재일한국인의 생활에 대한 기존 연구, 특히 재일한국인의 종교에 대한 연구는 약간의 기본적인 조사를 제외하고는(Haedacre, 1984; 飯田剛史, 2002) 종합적인 연구가 이루어지지 않았다. 가장 잘 알려진 재일한국인들의 종교 활동은 오사카(大阪)와 고베(神戸) 지역에 산재해 있는 조선사(朝鮮寺)에서 무당을 중심으로 행하는 굿이었다(宗教社会学の会, 1985; 飯田剛史, 2002). 그리고 유교식 제사의례에 대한 연구도 있었다(이문웅, 1988, 1989, 1998, 2000). 한편 재일한국인 중에서는 일본계 종교인 천리교와 창가학회의 신도가 많았다. 그러나 천리교, 일본 불교, 신사(神社) 등의 신도가 된 재일한국인에 대해서만 조사가 일부 있었을 뿐이고(東洋大學社會學部社會調查及び實習, 1989, 1990, 1991), 창가학회에 관해서는 아예 연구가 이루어지지 않은 상태였다.

일본인들이 주축을 이루는 종교 단체, 즉 일본 불교와 신사에 다니는 재일한국인 신도나 입정교성회 같은 신종교에 소속되어 있는 재일한국인 신도는 매우 적은 편이다. 하지만 천리교와 창가학회는 신도 수도 많을 뿐만 아니라, 그들이 중심이 되어 적극적으로 한국 포교 활동을 했다. 예를 들어 한국의 창가학회는 교단 발표에 따르면 1979년 말 회원이 50만 명이었는데, 2003년에 148만 명을 넘어설 정도로 빠른 속도로 성장했다(박승길·조성윤, 2005). 이러한 점을 감안하면 이에 대한 연구가 오히려 더 중요하다고 생각되지만 현실은 전혀 그렇지 못했다. 필자는 그 이유가 바로 재일한국인 사회의 일본계 종교에 대한 거부감 때문이라고 본다.

재일한국인 사회에서는 이웃이 무당을 불러 굿을 하고 교회를 다니는 것은 별로 문제 삼지 않지만, 일본계 종교의 신도가 되는 것은 못마땅하게 여기고 거부감도 심하다. 특히 창가학회에 대해 가장 부정적이다. 필자는 일본 사회 내의 마이너리티로서 일본인으로부터 배제되고 차별을 받아온 재일한국인들이 일본 사회에서 살아남기 위해 택한 방법 중 하나가 오히려 내적 결합을 강화하고, 자신들의 정체성을 지키는 것이었다고 생각한다. 그러한 재일한국인의 시각에서 볼 때 일본계 종교의 신도가 되는 것은 한국인임을 포기하고, 민족정신을 버리고 일본인화하는 길로 들어서는 것이라고 해석할 수도 있다. 따라서 재일한국인이면서 천리교나 창가학회 신도가 된 사람들을 연구하는 것은 별로 달가운 주제가 아니었고, 따라서 관심밖으로 밀려나 있었다.

필자는 이 주제가 중요하다고 판단했다. 현실적으로 많은 재일한국인이 창가학회 신도가 되고 있고, 그런 점에서 이 주제는 재일한국인 연구와 일본 신종교 연구에서 중요한 의미를 갖는다는 생각이 들었다. 따라서 한일 관계는 물론, 아시아 사회 변동 속에서 국가 단위의 민족주의와 종교인으로서의 정체성이 갈등을 빚는 경우에 어떻게 해결이 가능할 것인가를 고찰

하는 데도 중요한 관점을 제공하리라 생각되었다.

일본의 종교 분포는 한국과 달리 개신교와 가톨릭보다는 일본계 신종교가 중심을 차지하고 있다. 일본계 신종교로는 천리교, 창가학회, 영우회 등이 대표적이다. 일본 신종교는 그 성장 과정에서 재일한국인 신도 수가 많았고, 그들은 일본 내에서의 포교 활동에도 적극적이었으며 해외 포교 과정에서도 중요한 역할을 담당했다(趙誠倫, 2001). 그러나 일본 신종교 교단의 신도 중 재일한국인이 차지하는 수는 정확하게 파악되지 않고 있다.

재인한국인들은 일본에서 생활하면서 발생하는 여러 가지 문제 때문에 좌절하기도 하고 괴로워하기도 한다. 이러한 경우 그들은 한국의 민간 신앙에 기대거나, 한국에서 일본으로 포교된 개신교의 신도가 되는 경우도 있는데(宗教社会学の会, 1985), 많은 경우 천리교, 창가학회, 영우회 등 일본 신종교의 신도가 된다(박승길·조성윤, 2005)[1].

일본 신종교의 신도가 된 재일한국인들은 신종교가 제공하는 구제재(救濟財)를 받아들이고 자신의 삶의 방향을 설정한다. 일본 신종교는 일본에서 형성된 것이므로 일본의 문화가 교리, 의례, 교단 조직 방식 등에 강하게 반영되어 있다. 따라서 이들의 내면은 한민족이라는 민족 정체성과 일본 신종교의 신도라는 종교적 정체성이 복잡하게 얽혀 작동하게 된다. 즉, 재일한국인은 부모로부터 전해 받은 한국 문화에 기반을 두되, 동시에 일본계 종교의 신도로서 자신의 위상을 설정한다. 이때 종교인으로서의 정체성과 민족 구성원으로서의 정체성 사이에 갈등이 일어난 경우 어떤 해결책을 모색할 것인가 하는 점에 관해서 집중적인 연구가 필요하다. 특히 부모

---

1 일본은 한국과 달리 신종교의 세력이 막강하다. 재일한국인들은 대부분 천리교, 창가학회, 영우회 등 일본 신종교의 신도가 되었기 때문에, 이 글에서는 주로 일본 신종교를 중심으로 설명하도록 하겠다.

로부터 민족적 특성과 종교적 신앙을 모두 이어받은 재일한국인 2세, 3세의 경우 어떤 변화를 보이는지 알아보는 것은 매우 흥미로운 주제다.

필자는 이러한 점을 염두에 두고 재일한국인은 어떤 동기로 일본 신종교의 신도가 되는지, 그들은 교단 조직 내에서 어떤 위치와 비중을 차지하는지, 그리고 일본 신종교는 그들의 정체성에 어떠한 영향을 주는지 파악하고자 했다. 따라서 필자는 먼저 하나의 가설을 세웠다. 즉, 재일한국인은 일본 사회에서 살아가면서 그들의 사회적 위치를 확보하고 차별을 극복하기 위해 다양한 적응 전략을 구사하는데, 그들이 일본계 신종교의 신도가 되고 나아가 교단 내에서 적극적으로 활동하는 것은 그중 대표적인 적응 전략의 하나라는 것이었다.

필자의 관심은 강한 영향력을 갖고 있는 사회·정치 집단으로서의 창가학회가 아니라 종교 집단으로서의 창가학회였고, 그 안에서 생활하는 신도들의 신앙생활이었다. 그동안 창가학회와 공명당에 관해서는 엄청나게 많은 책이 쏟아져 나왔다. 신문과 잡지의 각종 기사 역시 넘쳐흘렀다. 비판적인 성향의 저자들은 대부분 창가학회의 지도자와 간부, 그리고 공명당 조직에서 발생하는 각종 비리를 캐내고 폭로하는 데 훨씬 관심을 기울인다. 특히 1991년 일련정종과 창가학회가 갈라진 이후에는 더욱더 그런 경향이 강해졌다. 그런가 하면 창가학회 측 사람들의 반론 내지는 창가학회를 옹호하는 내용의 책도 많이 나와 있다. 비판자들과 옹호자들은 저작물을 통해 치열하게 공방을 전개하고 있지만, 이는 창가학회와 공명당을 둘러싸고 난무하는 추측·소문과 한데 얽혀 오히려 대중의 관심으로부터 멀어지고 있다는 생각마저 든다.

특정 종교 단체가 정치에 참여하고 정당을 조직, 활동하는 것은 부적절한 일일까? 정치권력을 이용해 국민에게 교리를 강요한다면 물론 문제가 될 것이다. 그러나 그 같은 목적이 아니라면 종교 단체의 정치 참여는 개인의 자유와 사회 다양성으로 이해할 수 있는 활동 중 하나일 것이다. 하지만 일본 대중이 창가학회를 보는 눈은 그렇지 않다. 그리고 그런 공명당의 활동을 종교와 정치의 관계로서 중점적으로 분석하는 작업도 많지 않은 편이다.

그런가 하면 창가학회를 향해 쏟아지는 온갖 비난과 폭로에도 창가학회 신도들은 어떻게 신앙심을 이어가고 있을까. 자신의 종교에 대한 사회적 반감을 보면 내적 동요 또는 여러 의문이 들게 마련일 텐데, 기존에 나온 대부분의 책은 신도들의 신앙생활에 별 관심을 두지 않는다. 최근 종교 교단으로서의 창가학회를 학문적 차원에서 연구하는 일이 해외 창가학회 (Wilson and Dobbelaere, 1994; Hammond and Machacek, 1999; 渡辺雅子, 2001) 및 일본창가학회(大西克明, 2009; 猪瀬優理, 2011) 모두에서 조금씩 늘고 있으나 아직 부족할뿐더러, 신도들의 신앙생활 내면을 들여다보는 작업은 부진하다.

따라서 필자는 창가학회의 전반을 평가하는 것이 아닌, 창가학회 신도들의 신앙생활을 관찰하고 대화를 통해 파악해보려 했다. 창가학회 신도가 된 사람들의 내면을 알기 위해서는 그들의 신념 체계 속에 들어 있는 창가학회의 본질에 관한 것을 알아야 하므로 이 연구의 한 축인 창가학회는 다음 장에서 설명하도록 하겠다.

2. 재일한국인의 범주

재일한국인은 일본의 식민지 지배 과정에서 형성된 집단이다.[2] 노동자, 유학생, 그리고 제2차 세계대전 시기에 강제 동원되어 일본으로 건너갔다가 전쟁이 끝난 후에도 돌아오지 못하고 그대로 정착한 사람들과 그 후손이 주류를 이룬다.

필자가 일본창가학회 광보실 책임자에게 면담할 사람들을 소개해달라고 요청할 때 사용한 표현은 분명히 '재일한국인 신도'였다. 이것은 도쿄에서나 오사카, 고베에서나 마찬가지였다. 그런데 당시 필자가 생각하고 있던 재일한국인이라는 범주는 상당히 애매한 것이었다. 막상 소개를 받고 보니 그들 중 12명, 즉 30%가 넘는 사람들이 귀화(歸化)해서 일본 국적을 갖고 있었다.

서경식은 '재일동포', '재일한국인' 등의 호칭 대신 '재일조선인'이라는 호칭을 사용한다.[3] 이 호칭 안에는 한국 국적을 갖고 있는 자와 조선적(朝鮮

---

2 한국에서는 재일동포(在日同胞), 재일교포(在日僑胞)라고도 부르며, 일본에서는 재일조선인, 재일한국인 또는 재일한(在日韓), 조선인(朝鮮人) 등의 용어가 섞여 사용되었으며, 자이니치(在日)라고 부르기도 한다. 특히 1980년대 이후 일본으로 건너간 한국인[뉴커머(New Comer)라고 부른대이 늘어나면서 최근에는 재일조선인과 재일한국인을 모두 재일한국인이라고 부르는 경향이 있다.

3 "재일조선인이란 일본에 사는 조총련계 동포를 가리키는 말이 아니다. 원래 재일조선인을 조총련계와 민단계로 구별하는 견해는, 민족 분단을 기정사실로 용인해버릴 뿐만 아니라 재일조선인의 역사와 현실을 전혀 반영하지 못한 것이다. …… 해방 후에도 조선인의 국적은 애매한 채로 방치되다가, 1952년 샌프란시스코 강화조약의 발효에 따라 일본 정부에 의해 일본 국적을 일방적으로 박탈당했고, 일반 외국인과 같은 지위가 되었다. …… 조선인은 모두 새로 외국인으로 등록해야 했다. …… 이렇게 해서 대부분의 조선인들이 신청서 국적란에 '조선'이라고 기입했다. 남북 어느 쪽의 '국가'에 속한다는 뜻이 아니라 조선반도 출신이다, 조선 민족의 일원이라는 의미였다.
그 후 분단이 고착화되면서 특히 1965년 한·일 국교정상화 이후 재일조선인 중 국적란을 한국으로 고친 사람도 많아, 현재 한국 국적과 조선적의 비율은 약 3대 1로 나타난다. …… 국적이라는 척도만으로 재일조선인의 실정을 파악할 수는 없다. 조선적을 가진 사람 모두가 북한에 충성을 다하는 것도 아니며, 한국 국적을 가진 사람 모두가 대한민국에 애착을 느끼는 것도 아니다. 일본에 귀화한 사람도 기본적으로는 차별에서 벗어

籍)을 유지하는 자, 그리고 귀화한 자를 모두 포괄한다. 호칭에 관한 이러한 서경식의 관점은 타당하다. 문제는 '재일조선인'이라는 호칭을 쓸 때 발생하는 오해를 어떻게 해결할 것인가'라는 점이다.[4] 그리고 일본에는 서경식이 언급하지 않은 또 하나의 그룹이 있다. 그들은 비교적 최근(적어도 1980년대 이후)에 유학, 사업 등의 목적으로 일본으로 건너가 정착한 한국인으로, 이들을 일본에서는 기존 그룹과 대비해서 '뉴커머'라고 부른다.

일본창가학회 광보실 책임자들이 소개한 재일한국인 신도 중에는 뉴커머가 세 명이나 있었다. 해방 전에 혹은 해방 직후에 일본에 와서 정착한 사람들과 그 후손의 눈에 이들은 재일한국인이라기보다 한국 사람일 뿐이다. 하지만 일본인 입장에서 그러한 구별은 의미가 없었던 것이다. 일본에 정착한 지 오래된 한국인이나 그들의 2세, 3세, 그리고 귀화한 사람, 여기다 뉴커머까지 일본인의 눈에는 모두 재일한국인인 것이다. 그런 점을 고려해 필자는 이 책에서 편의상 재일한국인이라는 호칭을 '뉴커머를 제외한 재일동포'라는 의미로 사용할 것이다.

재일한국인은 해방 이후 오랫동안 계속되었던 외국인에 대한 취업 제한 조치 때문에 공무원, 경찰, 교사 등의 직종과 대기업에 취직하지 못했고,

---

나기 위해 그런 시도를 한 것이며, 이는 거꾸로 그들이 무엇보다도 차별에 직면한 조선인임을 말해준다. 따라서 나는 이들 전부를 묶어서 '재일조선인'이라고 부른다. 재일조선인은 현재(1995년)에 약 85~90만 명 정도라고 한다". 서경식, 「새로운 민족관을 찾아서」, 임성모·이규수 옮김, 『난민과 국민 사이』(돌베개, 2006), 117~118쪽.

4 "'한국'과 '조선'을 대립적인 이미지로 파악하고 후자가 전자보다 열등한 것처럼 말하는 경우를 최근 자주 보게 되었다. 심한 경우 같은 동포이면서도 '조선입니까?'라고 물으면 분연히 '아뇨, 한국인이에요!'라고 부정하기도 한다. 그런 사람들 마음속에는 일본 사회에 만연한 '북조선(북한)'에 대한 적의나 차별에서 벗어나고 싶다는 무의식적인 바람이 숨어 있는 것 같다". 같은 책, 119쪽.

대학 졸업 여부에 관계없이 모두 중소기업의 회사원과 자영업자가 될 수밖에 없는 구조적 조건을 안고 있었다.

1920년대 일본은 공업지대와 탄광지대에서 노동력을 필요로 했다. 초기에는 주로 회사가 한국 농촌 지역에서 노동력을 모집한 경우가 많았으나, 전쟁이 확대되면서 필요한 노동력을 강제로 끌고 간 경우가 많았다. 전쟁 말기 공장과 탄광에서 일하던 조선인은 일본 전국의 탄광, 군수 공장, 건설 현장은 물론이고 오키나와, 사할린, 남양군도의 섬에 강제로 끌려갔다. 이 강제 동원자의 수는 200만 명이 훨씬 넘는다고 알려져 있다. 이들 중에는 노동 현장에서 죽어간 사람도 많았고, 전장에 끌려갔다가 돌아오지 못한 사람은 더 많았다.

제2차 세계대전이 끝나고 일본이 패망한 후 일본에서 살던 조선인은 대부분 조국으로 돌아가려고 했다. 돈이 있는 사람들은 배를 빌리거나 사서 건너갔고, 대부분은 귀환선을 타고 돌아갔다. 하지만 돌아가기 어려운 사람들도 있었다. 재산은 다 놓고 가야 한다는 조건이 붙어 있었고, 돌아갈 돈이 없는 사람도 많았다. 그리고 조국에 돌아가더라도 가족이 없거나, 먹고살 길이 막막한 사람들은 그냥 일본에 남았다. 그로 인해 일본에 남은 조선인이 60만 명이 넘었다(윤인진, 2004: 158). 그들은 조선 땅에서 살기 어려워 일본으로 건너갔지만, 일본 사회에서도 하층민이었다.

일본인들은 패전 직후부터 제국 시기에 일본에 들어와 거주하던 구식민지 출신자를 외국인으로 취급했다. 이러한 상황에서 한반도에서는 남쪽과 북쪽에 각각 대한민국과 조선민주주의인민공화국 정부가 들어섰고, 재일 한국인은 분단된 조국에서 국적의 선택을 강요당했기 때문에 더 큰 어려움에 직면했다.

해방 후 재일한국인 중 약 절반이 무직자였다. 직업을 가졌다고 하더라도 공무원, 교사 등은 할 수 없었고 대부분의 사람이 자영업에 종사했으며, 그것도 일본인들이 힘들고 보수가 적다고 기피하는, 요즘 한국에서 흔히 볼 수 있는 3D 업종에 종사하는 외국인 노동자와 같은 처지였다. 전쟁 직후, 1950년대에 재일한국인들은 경제적으로 매우 어려운 처지에 놓여 있었다. 물론 전쟁 이후에 밀항으로 건너간 사람들과 최근에 늘어나고 있는 뉴커머까지 포함하면 상당히 복잡한 양상을 보인다. 그리고 이제 재일한국인 1세는 거의 사라졌고, 2세와 3세가 주를 이루며 빠른 속도로 일본 사회에 동화·흡수되는 과정에 있다.

그들은 일본 사회 속에서 한국 고유의 문화를 갖고 생활하는 마이너리티이며, 일본과 한국·조선 어느 쪽에도 속하지 못하는 한계인(marginal man)이다. 이들 집단은 일본 제국주의 시기의 식민지였던 조선에서 비롯되었다는 이유로 일본인 사이에서 자신들보다 못한 인간으로 간주되는 차별적 관념의 대상이 되었다. 이는 조선에서 건너간 사람에 대한 호칭이 '조센진'으로 굳어진 데서도 알 수 있다. 일본 정부는 전쟁이 끝난 뒤 꽤 오랜 기간 동안 재일한국인을 처치 곤란한 존재로 여겼다. 일본 제국의 식민 통치 결과로 발생한 집단과 불편한 동거를 이어온 것이다.

귀화해 일본 국적을 취득한 사람은 재패니즈 코리안(Japanese Korean) 즉, '조선계 일본인'이라고 부를 수 있다. 그러나 실제로 그렇게 부르는 경우는 거의 없다. 그냥 '일본인'이라고 생각한다. 일본에서 재패니즈 코리안은 재일한국인과 구별될 뿐만 아니라, 그냥 일본인이라고 보는 경우가 대부분이다. 또 귀화한 사람들도 자신이 일본인이 되었다고 생각하는 경우가 대부분이다. 이렇게 된 이유는 이들의 일본 거주의 역사가 길어지면서 여러 세대를 거치고 있고, 귀화를 위해서는 '일본인'으로서의 민족적인 동화를 요구하는 분위기 등이 작용하는 탓에 일본 국적을 취득한 사람들이 자신을 한국인이라고 말하지 않는 사정과 밀접하게 관계되어 있다.

일본에서 다른 국가와 마찬가지로 재일외국인들이 일본 국적을 취득하고 시민권을 받도록 권장하는 분위기가 형성되어 있었다면, 재일한국인들은 정체성을 유지하면서 일본 사회 내에서 자신들의 역할을 했을 것이다. 그러나 일본 사회 내에서 재일한국인의 존재가 받아들여지지 않았기 때문에 이에 대한 반대급부로 민족의 감정이 강하게 뿌리내려 왔다. 이러한 사정을 일본인들은 어떻게 이해할까, 그들은 재일한국인들에게 귀화가 어떤 역사적인 의미를 지니고 있는지 알고 있을까.

그러나 1980년대 이후에는 대학에 진학하는 재일한국인 2세의 비중이 늘어났고, 사회적 차별이 점차 완화되면서 직업도 다양화되었다. 한편 뉴커머는 유학이나 취직 또는 결혼을 위해 일본으로 건너간 경우로, 이들의 수는 앞으로 점점 늘어날 것으로 예상된다.

창가학회의 일본인 관리자들이 생각하는 재일한국인의 범주 속에는 귀화를 한 사람과 영주권을 갖고 있는 사람의 구분이 없었다. 반면 일본에서 재일동포가 소속된 단체는 크게 민단과 총련(조총련)으로 나뉘는데, 이들 단체에는 영주권자들만 소속되어 있고 귀화한 사람은 통계에서 제외된다. 민단과 총련 사람들은 귀화한 사람들을 일본 국적자로 생각하고 한국 사람에서 제외하는 것이다.

면담을 시작하기 전까지 필자가 알고 있는 재일한국인은 한국 국적을 갖고 있으면서 특별영주권을 갖고 있는 사람들이 많았고, 아예 국적이 없이 조선적만 갖고 있는 사람들도 있었다. 조선적을 갖고 있는 동포는 모두 총련 소속인 줄 알았으나 그게 아니었다. 그들 중 대다수는 오래전에 총련에서 탈퇴했으며, 한국 국적도 취득하지 않은 상태로 생활하고 있었다.

3. 어떻게 연구할 것인가

재일한국인 연구는 일본에서 그동안 다양한 방면에서 여러 학자에 의해 진행되어왔다. 지난 20년 동안 연구의 수준이 매우 높아졌는데, 특히 역사학과 문화인류학 방면에서의 연구가 주목할 만하다(原尻英樹, 1989, 1997, 1998; 도노무라, 2010). 그리고 최근에는 급속히 흔들리는 민족 정체성 문제를 다룬 연구도 나오고 있다(김태영, 2005).

필자가 창가학회와 재일한국인을 살펴보기 위한 방법으로 애초에 계획했던 것은 구조화된 질문지(Questionnaire)를 통해 분석하는 것이었다. 질문지를 작성해 교단 신도들에게 배부하고, 응답 내용을 통계적으로 분석하는 방법이 좋지 않을까 생각했다. 이 방법은 깊이 있는 조사를 하기는 어렵지만, 교단 차원에서 협조를 받을 수 있다면 창가학회 신도, 그중에서도 재일한국인 신도들의 일반적인 특성을 파악하는 가장 빠른 방법이라고 생각되었다. 이 방법은 2003년도에 국내에 유입된 일본계 종교의 수용 형태에 관한 공동연구 과제를 수행하면서 현장 방문과 함께 사용했던 보조 방법이었다. 각 교단별로 일정한 수의 응답자들에게 질문지를 배부하고, 작성된 질문지를 회수해서 통계를 분석했다. 그 방법은 교단 신도들의 특성을 파악하는 데 일정 부분 도움이 되었다.[5]

그러나 일본에 건너가서 조사 준비를 위해 여러 사람을 만나 이야기를

5　필자는 2003년 9월부터 2004년 8월까지 1년 동안 진행된 '한일종교의 상호 수용 실태에 관한 조사'의 일환으로 일본 종교의 국내 수용 실태에 대한 전면적인 조사에 참여한 바 있다. 그 당시 통계 조사 결과는 다음을 참조할 것. 남춘모, 「국내 주요 일본계 종교 신자들의 특성: 수량적 조사를 중심으로」, 이원범 외 편, 『한국 내 일본계 종교운동의 이해』(제이앤씨, 2007), 301~360쪽.

나누다가 생각을 바꾸었다. 창가학회의 재일한국인 신도를 모집단으로 놓고 면담 대상자(구술자)를 무작위로 추출하고 싶었지만 그것이 가능하지 않았기 때문이다. 창가학회 교단 본부와 민단에 문의한 결과, 많은 한국인이 창가학회 신도로 활동하고 있는 것은 사실이지만, 양측 모두 그들을 따로 분류해 관리하고 있지 않았던 것이다. 더욱이 교단 본부는 재일한국인 신도와 일본인 신도가 섞여서 활동하고 있으며 아무런 차별을 받지 않고 있다고 했다. 따라서 교단에서는 재일한국인들에 관한 통계를 파악할 필요가 전혀 없었고, 그들의 명부를 따로 작성한 적도 없었다. 그러니 필자가 요구한 모집단 명부를 제공하는 것이 불가능하다고 했다.

이에 조사 방식을 바꾸어 심층 면접(depth interview)을 선택했다. 소수의 구술자를 선정해 이들로부터 오랜 시간에 걸쳐 집중적으로 이야기를 듣고, 그 내용을 녹음했다가 녹취록을 작성하기로 했다. 2006년 3월부터 일본 도쿄에 거주하면서 개인적인 연결망을 통해 면담을 하기 시작했다. 그러다가 창가학회의 경우 교단 본부의 허락을 받지 않고는 면담이 사실상 불가능하다는 점을 뒤늦게 알게 되었다. 구술자 선정은 물론, 그들이 마음 편히 자신의 종교생활을 이야기할 수 있도록 하려면 교단 본부의 협력에 의존할 수밖에 없었다.

필자는 창가학회 본부 광보실에 협력을 요청했다. 거주지 별로 도쿄, 오사카, 고베에서 각각 10명씩, 남녀 비율이 비슷하고 연령대가 고르도록 면담 대상자를 추천해달라고 했다. 이에 광보실 책임자는 적극적으로 구술자를 소개시켜주었다. 이 과정에서 교단 공식 창구는 도쿄에서는 일본창가학회 본부 광보실, 오사카에서는 간사이(關西) 본부, 고베에서는 효고(兵庫) 본부였다.

면담 조사는 2006년 6월부터 8월까지 도쿄에서 11명, 11월부터 12월까지 오사카에서 14명, 고베에서 9명을 실시해 모두 33명을 대상으로 진행했다. 그리고 추가 조사로 2008년에 1명, 2009년에는 5명의 면담을 진행했다. 그 외 창가학회 회원이 아닌 재일한국인, 일본인 창가학회 회원, 창가학회 회원이 아닌 일본인도 면담 조사했지만 이 책에서는 그들을 인용하지 않았다.

도쿄에서는 16명 모두 교단 본부 광보실의 응접실과 고토(江東)문화회관 응접실에서 면담을 실시했다. 반면 오사카와 고베 지역에서는 절반 이상 각 가정을 방문해 면담 조사를 실시했다. 가정방문을 하면 면담 대상자의 생활환경 등 다양한 정보를 얻을 수 있고, 교단 건물에서 만났을 때보다 비교적 자연스러운 분위기에서 조사가 가능했다. 면담은 대체로 2~3시간 소요될 것으로 예상하고 진행했으며, 대부분 그 시간 안에 마쳤다.

면담에서는 창가학회에 관련된 질문뿐만 아니라 각 개인의 생애사에 대한 질문을 던져 창가학회 활동을 파악하는 형식을 취했다. 도쿄의 교단 본부에서 면담을 진행할 때는 시간이 거의 일정했다. 그러나 오사카에서는 각 가정에서 면담한 경우가 많았는데, 대화가 길어져 식사 후에 다시 면담을 진행해 5시간을 넘긴 경우도 있었다. 그런가 하면 고베에서는 장소 사용 시간 때문에 면담을 1시간 반 만에 끝마친 경우도 있었다.

도쿄에서 면담 조사를 시작하면서 가장 먼저 마음에 걸렸던 것은 면담 장소에 관한 것이었다. 구술자 8명은 모두 창가학회 본부 광보실 응접실에서, 나머지 3명은 고토문화회관에서 면담을 했다. 이들의 면담 일정은 한꺼번에 정해진 것이 아니었다. 광보실의 책임자가 자신이 확보하고 있는 네트워크를 활용해 재일한국인 신도 중에서 면담에 응해줄 만한 사람을 찾았고, 한 사람씩 차례로 일정을 정하면서 면담을 진행했다. 그런데 막상 면담을 하다 보니 장소가 문제였다. 창가학회 본부 광보실은 시나노마치에 있다. 이곳은 창가학회의 중심을 이루는 곳으로 창가학회 신도라면 누구나 가고 싶어 하는 곳이다. 그러나 동시에 본부는 고위 간부가 모여 있는 곳인데다, 방문하고 싶어도 쉽게 찾아가기 어려운 곳이라 일반 신도들에게는 무척 조심스러운 곳일 수도 있다는 생각이 들었다.

필자가 우려한 또 다른 문제는 면담 대상자의 대표성 문제였다. 면담 대상자는 교단 본부의 광보실 책임자가 연결시켜준 사람들이었기 때문에 교단 내부 선정 기준에 의해서 1차로 여과되었을 가능성이 높았다. 특히 비판적인 성향의 신도들이 제외되고 열성적이고 활발하게 활동하고 있는 신도들이 주로 선정되지 않았을까 염려되었다. 하지만 막상 면담을 진행해보니 염려했던 것과 달리 재일한국인 신도들이 창가학회 간부들을 별로 어려워하지 않았으며, 초면이라 어색해하던 사람들도 시간이 흐르자 비교적 솔직하게 자신이 살아온 이야기와 신앙에 대한 이야기를 들려주었다. 물론 창가학회 신앙생활을 열심히 하지 않고 있거나 교단 운영에 불만을 갖고 있는 신도를 만나볼 수는 없었지만, 다른 방식을 통해 면담 대상자를 선정했더라도 그 내용이 크게 달라졌을 것 같은 느낌을 받지는 못했다.

또한 면담을 진행하면서 예상치 못했던 문제에 자주 부딪쳤다. 그중 하나는 언어 문제였다. 조사 대상자가 재일한국인들이었으므로 몇 사람을 제외하곤 대부분 한국말로 대화가 가능할 것이라고 예상했다. 하지만 이것은 착각이었다. 재일한국인 1세와 뉴커머 3명, 그리고 학습을 통해 한국어를 배운 몇 명을 제외하면 대부분은 한국어로 간단한 대화만 가능할 뿐 깊이 있는 이야기가 불가능했다. 따라서 한국어가 능숙하지 않은 구술자는 모두 일본어로 면담을 진행해야 했다. 그러자 질문자가 구술 내용을 이해하기 어려운 경우가 자주 발생했다. 그래서 도중에 질문을 중단하고 앞의 이야기 내용을 물어보고 확인하느라 진행이 늦어지기도 했다. 면담 조사를 마치고 녹취록을 작성하는 작업 역시 무척 어려웠다. 녹취록은 모두 한국어로 작성되었는데 이 작업은 매우 느리게 진행되었다.

필자의 연구의 축이 재일한국인이기는 했지만 일본 사회에서 그들이 처한 사회적 차별이나 구조적 문제만을 주목하지는 않았다. 그것보다는 타국에서 외국인으로 살아가면서 겪은 어려움을 어떻게 극복했는지, 그 과정에서 창가학회가 어떤 역할을 했는지 살펴보려 했다.

다음 장에서는 면담을 통해 알게 된 재일한국인들의 삶을 연구 주제와 엮어나가려 한다. 그다음 장부터는 창가학회가 어떤 종교인지 창가학회 안에서 재일한국인들은 어떤 역할을 하고 있는지 설명하고, 창가학회와 공명당과의 관계도 살펴볼 것이다.

제 2 장

재일한국인

1. 내가 만난 재일한국인

필자는 도쿄에서 16명, 오사카에서 14명, 고베에서 9명 총 39명을 만났다. 그중 1명은 도쿄에서 두 차례 면담하기도 했고, 오사카에서는 부부 2쌍과 부자(父子) 1쌍을 면담하기도 했다. 면담 대상자 중 총련 소속이거나 조선적을 가진 신도는 한 명도 없었다. 모두 한국 국적을 갖고 있는 영주권자이거나 귀화한 일본 국적 소유자였다.

오늘날 일본에 거주하는 한국인은 국적에 따라 크게 세 가지 부류로 분류할 수 있다. 한국 국적을 지닌 사람, 귀화해서 일본 국적을 취득한 사람, 그리고 이른바 '조선적'을 갖고 있는 무국적자다. 조선적은 흔히 '북한[1] 국적을 갖고 있는 총련 동포'로 오인된다. 그러나 그들은 한국 국적을 취득하지 않은 채 호적의 국적란에 '조선'이라는 글자를 그대로 놓아두고 있는 사람들을 말한다. 그들 중에는 총련에 소속되어 있고 북한 국적을 취득하고 싶어 하지만, 북한과 일본 사이에 국교가 맺어지지 않아 조선적을 북한 국적으로 바꾸지 못하는 사람도 있다. 하지만 그들 못지않게 총련에서 탈퇴한 후 한국 국적을 취득하지 않고 있는 사람도 많다.

필자가 면담 대상으로 삼은 재일한국인들은 모두 민단 소속이었다. 그들 부모 역시 마찬가지였다. 총련 소속 재일한국인 가운데 창가학회 신도가 있는지 확인할 수는 없었지만, 적어도 총련 활동을 하고 북한을 지지하는 입장을 갖고 있는 재일조선인들의 경우 창가학회뿐만 아니라 다른 어떤 종교 단체에도 가입하지 않았을 가능성이 높다. 면담 대상자 중에는 조선학

---

1 정식 국명은 '조선민주주의인민공화국(朝鮮民主主義人民共和國)'이다. '북한'은 한국 사회에서 편의상 쓰는 국명으로, 이 글에서는 이것을 그대로 사용할 것이다. 일본에서는 북한을 흔히 '기타조센(北朝鮮)'이라고 부르는데, 역시 올바른 명칭이 아니다.

〈표 2-1〉 면담 대상자(구술자) 인적 사항

지역/ 번호	면담 장소	연령	세대	본적	학력	역직
도쿄 01	본부	67	1	제주	중졸	지구 부부인부장
도쿄 02	본부	54	2	전라	대졸	지구 부부인부장
도쿄 03	본부	59	2	충청	대중퇴	지구 부장
도쿄 04	본부	54	2	제주	대졸	지부장
도쿄 05	본부	34		서울	대졸	―
도쿄 06	본부	43	2	―	대졸	지구 부장
도쿄 07	본부	48	―	충청	고졸	
도쿄 08	본부	54	2	제주	단대졸	부인부 부본부장
도쿄 09	회관	34	2	전라	대졸	지부 여자부 부부장
도쿄 10	회관	68	1	전라	대졸	지구 부인부장
도쿄 11	회관	33	3	전라	대졸	본부 부부장
도쿄 12	본부	63	2	경상	고졸	지부장
도쿄 13	본부	45	2	―	대졸	블록장
도쿄 14	본부	54	2	―	대졸	권장
도쿄 15	본부	45	―	서울	대졸	―
도쿄 16	자택	51	2	경상	대졸	
오사카 01	회관	78	1	경상	단대졸	부지부장
오사카 02	자택	56	2	제주	고졸	지부장
		54	2	제주	고졸	지부 부인부장
오사카 03	회관	20	3	서울	대재	지구 리더
오사카 04	자택	54	2	제주	고졸	지부 부인부장
오사카 05	자택	60	2	제주	고졸	지부장
오사카 06	자택	70	1	경상	고졸	부지부장
		66	2	경상	고졸	부부인부장
오사카 07	자택	66	2	―	대졸	―
오사카 07	점포	42	3	제주	대졸	부본부장
오사카 08	자택	60	2	경기	고졸	부본부장
오사카 09	자택	42	3	제주	고졸	지부 부부인부장
오사카 10	회관	45	2	제주	대졸	―
		20	3	제주	대재	대학부 빅토리 리더
오사카 11	자택	38	2	제주	대졸	
고베 01	회관	58	2	경상	단대졸	지구 부인부장
고베 02	회관	58	2	경상	고졸	부본부장

지역/ 번호	면담 장소	연령	세대	본적	학력	역직
고베 02	회관	58	2	경상	고졸	부본부장
고베 03	자택	65	2	충청	중졸	지구 부부인부장
고베 04	회관	54	3	경상	단대졸	지구 부부인부장
고베 05	회관	66	2	경상	소졸	지부 부부인부장
고베 06	회관	45	2	경상	단대졸	지부장
고베 07	회관	53	3	경상	고졸	부지부장
고베 08	회관	53	2	경상	고졸	구장
고베 09	회관	45	3	경상	고졸	지구 부부인부장

참조: 구술자 본명 대신 '거주지/ 번호'로 구분해 표기하기로 한다.
　　　총 39명이나 부부, 부자가 함께 면담한 경우(오사카 02, 06, 10)에는 번호를 통일해서 하나로
　　　분류했다.
　　　단대졸=단기대학 졸업, 소졸=소학교 졸업. 대재=대학교 재학 중.

교를 다녔던 사람도 여러 명 있었지만, 이들은 한국어 교육을 위해 부모가 조선학교에 입학시켰을 뿐 총련 소속은 아니었다.

그 예로 〈도쿄 13〉의 아버지는 의사였는데, 그는 아들에게 한국어 교육을 시키고 싶어서 조선학교에 입학시켰다. 그러나 김일성 우상화 교육이 지나치다고 판단되자 조선학교를 그만두게 했다. 그런데 주목할 점은 그 후 그가 〈도쿄 13〉을 일본학교가 아닌 외국인학교를 보낸 것이다. 아마도 일본학교를 다니게 되면 아들이 '조센진'이라고 놀림과 차별을 받을 것을 걱정했기 때문이 아닐까 짐작된다. 〈도쿄 13〉의 가족은 의사 집안이었기 때문에 경제적으로 여유가 있어서 자녀를 외국인학교를 보낼 수 있었지만, 이는 일반적이지 않다.

구술자들을 세대별로 단순 분류해보면 1세가 6명, 2세가 18명, 3세가 9명이었다. 1세 6명 중 일본인과 결혼해서 도쿄에 거주하는 여성 2명은 뉴커머였다. 그리고 나머지 4명은 모두 해방 이후 밀항한 사람들이었는데, 그중 2명은 일본에서 태어났지만 해방과 더불어 가족과 함께 한국으로 돌

아갔다가 1950년대에 밀항한 경우이므로 사실상 2세에 해당된다.

〈도쿄 01〉은 일본에서 살다가 해방이 되자 제주도로 돌아갔는데, 중학교를 마치자 어머니가 취업을 위해 친척들이 살고 있는 일본으로 보냈다. 〈오사카 02〉의 부모는 제주 4·3사건 당시 집단 학살을 피해 제주도에서 일본으로 도망 온 경우다. 즉, 해방 전부터 일본에 거주하기 시작한 재일한국인 1세는 이번 조사에서 만나지 못했다. 2세는 총 18명으로 전체 구술자의 55%를 차지했는데, 이들의 부모는 대부분 해방 이전에 일본으로 건너온 사람들이다. 따라서 이들 모두 일본에서 태어나 학교를 다니고 생활했다. 3세는 9명으로 27%에 그쳤다.

학력은 고졸이 39%로 가장 많았고, 대졸이 33%였으며, 단기대학 졸업자와 대학 중퇴자가 각각 1명, 중졸과 고졸도 각각 1명이었다. 도쿄에서 만났던 사람들은 대부분 대학 졸업자로 학력이 가장 높았고, 고베에서 만난 사람들의 학력이 가장 낮았다. 오사카의 주요 신도들은 고졸이었다. 20대를 면담하고자 한 필자의 요청으로 소개된 교토대학과 도시샤대학의 학생, 그리고 그의 아버지를 제외하면 거의 대부분 고졸이었다.

도쿄 지역 거주자들이 높은 학력 수준을 유지하는 것은 다양한 취업의 기회가 제공되는 지역적 이점과 밀접한 연관이 있다. 그에 비해 오사카 지역은 발전이 더디고, 고베 지역은 지난 수십 년간 거의 정체되어 있다. 이들 지역 주민들의 학력은 경제적·정치적 상황과 연결 지어 설명이 가능하다. 그렇지만 학력이 신앙생활과는 상관이 없었다.

다음으로 주목할 것은 직업 분포다. 구술자들의 직업은 자영업이 42%, 회사원이 21%였고, 나머지는 대부분 전업 주부이거나 시간제 근무자 또는 무직이었다. 회사원 그룹은 간호보조사, 복지센터 직원 등 중소기업의 말단 사원으로 소득이 낮았다. 반면 자영업자 그룹은 오히려 학력과 소득 수준이 모두 높았다. 메이지대학을 졸업한 〈도쿄 04〉는 부모가 경영하던 가게를 이어받았다가 사업을 확장해 불고기 음식점을 하고 있었다. 〈도쿄 01〉은 자신이 경영하던 불고기 가게를 와세다대학을 졸업한 아들에게 물려주었다. 오사카에서 자영업에 종사하는 구술자는 제화 업자, 철공소 공장장, 양복 재단사, 인장공(도장장이) 등 다양했다. 고베에서는 9명 중 2명이 중소기업 직원이었고 1명이 제화점을 경영했는데, 이들 모두의 가족 전부 또는 일부는 해방 직후부터 제화업과 관계된 일에 종사한 경험이 있었다.

재일한국인은 과거 일본 제국의 영역에 강제로 편입된 조선 땅에서 나고 자란 사람들이 일본에 건너가 생활하면서 형성된 집단이다. 일본에서 산업화가 진행되던 1920년대부터 본격적으로 늘어나기 시작했으며, 해방 이전까지는 조선의 하층민이 주로 일본에 건너갔다. 그중에는 경상도 사람들이 가장 많았고, 전라도 그리고 제주도 사람들이 뒤를 이었다. 1945년 일본이 제2차 세계대전에서 패망한 후 일본 땅에 남아 있던 조선인들은 60만 명이 넘었다. 그들은 대부분 조국의 고향으로 돌아오고 싶어 했으나 돌아오지 못한 사람이 많았다.

2. 국경을 넘는 문, 밀항

일본 땅과 한반도를 사이에 둔 귀환의 물결은 곧 바뀌었다. 해방 직후 한국 사회의 정치적 혼란과 경제적 어려움, 남북 분단과 좌우 이데올로기 대립, 그리고 한국전쟁으로 이어진 격동의 역사 속에서 많은 사람이 다시 일본으로 발길을 돌렸다. 그러나 이들은 일본 정부에 의해서 입국을 거부당했다.

당시 미 군정과 일본 정부는 일본 땅에 남아 있던 조선인들의 일본 국적을 박탈하고, 그 대신 '조선'이라는 임시 국적을 사용해 분류했다. 그러고는 이들을 모두 외국인으로 등록했다. 남북 분단이 계속되는 동안 재일한국인은 모두 '조선적'을 갖고 지낼 수밖에 없었다. 그리고 고향으로 돌아갔던 사람들은 다시 돌아올 수 없게 되었다. 이 때문에 1950년대와 1960년대에는 밀항이라는 불법적인 이동 경로가 많이 이용되었다.

제 고향은 제주도 조천입니다. 일본에서 태어나 살다가 해방이 되어서 여덟 살 때 제주에 갔는데 말을 몰라서 3학년 올라가서도 구구단도 못 외었어요. 그때 제주도에서 싸움(1948년에 일어난 제주 4·3사건을 뜻함)이 일어나서 사는 형편도 안 좋았어요. 먹을 것도 없고, 학교에 갈 때 신을 신도 없고, 학비도 없었어요. …… 일본엔 열아홉 살 때 다시 왔어요. 쇼와 33년(1958년)이 될까, 배로 다른 사람이 모르게, 야미(闇, '뒷거래', '불법'이라는 뜻의 일본어)로 왔어요. …… 일본에는 작은아버지와 제 언니들이 있었어요. 언니는 일본에서 태어나서 일본 중학교를 나왔어요. 한국에 돌아가지 않고 일본에 있었어요. 그러니까 어머니가 거기 가라 하셔서 아무 생각도 없이 일본에 온 거에요. 〈도쿄 01〉

어머니는 나가타 출신, 원래는 제주 사람이에요. 어머니가 태어난 곳은 나가타였지만 종전(終戰)이 되니까 온 식구가 한국에 돌아갔다가 다시 일본에 왔대요. 8월 15일에 종전이 있었지요? 외가는 돈이 있었기 때문에 모두 한국에 갈 수 있었어요. 고향인 제주도에 돌아가면 잘살 수 있을 거라고 생각해서 돌아갔는데 가보니까 제주도가 아주 어수선했다고 해요. 그래서 외할머니가 '여기서는 생활을 못한다. 아이들을 키우려면 다시 일본에 돌아가야 한다'고 판단을 하셨어요. 할머니가 먼저 일본에 들어오셨고 그 후에 가족들이 한 명씩 밀항으로 일본에 왔어요. 〈오사카 02〉

〈도쿄 01〉과 〈오사카 02〉는 모두 밀항 경험이 있었다. 주목할 것은 이들의 가족은 일본에서 생활하다가 해방이 되었을 때 모두 기대를 갖고 고향으로 돌아갔지만, 정착하지 못하고 다시 일본으로 돌아왔다는 점이다.

이들의 가족이 고향으로 돌아간 것은 일본의 패전과 식민지 해방의 기쁨에 들뜬 정서적인 측면이 강했기 때문일 것이다. 하지만 고국의 현실은 새로운 삶을 시작하기에 척박했고, 결국 그들은 아직 기반이 남아 있던 일본으로 되돌아갔다. 밀항한 이들에게는 일본에 거주하고 있는 친척이 있었다. 일본으로 가는 길은 법적으로 차단당했지만, 그들은 밀항을 통해서 자신이 갖고 있던 기존의 연결망을 재생했다. 밀항자 중에는 제주도 출신이 압도적으로 많았다. 위의 두 사례도 제주도 출신의 이야기이다.

〈오사카 02〉는 가족 모두가 일본으로 이동했는데, 이들을 통해서 당시 재일한국인이 처했던 상황을 생각해볼 수 있다.

그러나 등록을 구하는 방법이 또 비밀리에 있어서 그 방법으로 살았습니다. 비밀로.

그것은 뭐냐 하면 등록을 바꾸는 것입니다. 일본에서 살고 싶지 않다며 한국에 돌아가겠다는 사람이 있었습니다. 그 사람의 등록을 아버지가 받고 사람을 바꾸었습니다. 그 사람이 한국으로 돌아가면서 남겨놓은 등록을 아버지가 받아서 '야마모토(山本)'라고 해서 살았지만 그것은 다른 사람의 이름이었지요. 〈오사카 02〉

학교에 가야 할 나이가 되었을 때는 제 호적이 없어서 친척 성을 빌렸습니다. 친척 이름, '핫토리(服部)'라는 이름으로 학교에 다녔죠. 가족이 오사카에 돌아온 후에 출입국관리소에 가서 저희 집 사정을 이야기했어요. "우리는 가족인데 성이 모두 다르니 어떻게 안 되겠습니까" 하고 부탁을 했어요. 오사카에서는 안 되었고, 도쿄의 법무성까지 가서야 가족이 같은 성이 되도록 바꿀 수 있었습니다. 가족의 성이 같아지게 하는 일은 제가 고등학교 2학년이 될 때까지 걸렸어요. 그 후로 저희 식구는 통명으로 '아라이'를 쓰고 있어요. 그 전까지는 성이 각각이어서 동생들도 저와 다른 성으로 학교에 다녔습니다. 〈오사카 02〉

〈오사카 02〉의 이야기를 보면, 밀항을 통해서 몰래 일본으로 들어온 사람들은 친지의 도움을 받아서 다시 정착하는 것이 그리 어렵지 않았지만, 일본 정부로부터 영주권을 받을 수가 없어 꽤 오랫동안 불안한 생활을 계속할 수밖에 없었던 것을 알 수 있다. 그러다가 1965년 일본 정부와 한국 정부 사이에 국교가 이루어지자 재일한국인에게 영주권을 부여하는 방안이 채택되었다. 영주권을 부여하는 과정에서 일본 정부는 '조선적'을 '한국 국적'으로 바꾸도록 했다. 〈오사카 02〉의 아내는 조선학교를 다니고 있었는데 부모와 함께 영주권을 받으려고 신청했더니 일본 법무성 직원이 다음과 같이 말했다고 한다.

그때 일본은 북조선과 교류가 잘되지 않았지요. 그렇기 때문에 "일본에서 살 거라면 학교를 바꾸어주세요" 하고 출입국관리소에서 이야기를 했습니다. "학교를 바꾸면 등록을 해주겠다"고 했어요. 그것이 조건이었어요. '건국학교'로, 한국계 학교로 바꾸라고요. 〈오사카 02〉

일본 법무성이 귀화를 원하거나 영주권이 없어 남의 이름으로 살던 재일한국인에게 특별영주권을 발급해줄 때 조선적을 한국 국적으로 바꾸게 하고, 조선학교가 아닌 민단에서 운영하는 한국계 학교로 옮길 것을 권유한 것은 비단 이 가족에게만 있었던 일이 아니었다.

3. 차별의 이름 조센진

조선적을 한국 국적으로 바꾸었다고 해도 이들은 여전히 '조센진'이었다. 조센진이라는 호칭은 '조선인'의 일본어 발음이지만 재일한국인들은 이 호칭에서 차별을 느꼈다.

제가 살았던 야마구치 현은 매우 시골이라서 (저를) '조센진'이라고 심하게 따돌림을 했습니다. 야마구치 현에서는 그런 환경에서 자랐기 때문에 사람이 싫었어요. 그럴 때 오사카에 왔고 창가학회에 들어가고 나서 회원들에게 '아, 모두 한 가족이구나'라는 느낌을 받았어요. 그래서 아이들도 자연스레 창가학회에 들어오게 되었습니다. 〈오사카 07〉

시골에 가면 차별을 더 느껴요. 제 여동생이 일본인과 결혼해서 일본인으로 살고 있지만, 그 동네에 재일한국인이 없어서 자기가 원래 한국인이라는 말은 하지 않는대요. 제가 어릴 때도 주변에 재일한국인이 없었어요. 저희 집만 한국 사람이었는데 친구들이 알고 저를 '조센진'이라고 했어요. 저는 그렇게 부르면 아주 싫어했어요. 조센진이라고 하면 그 단어 속에 '하급, 저질이다'라고 보는 게 들어 있어서. 〈오사카 09〉

제가 어렸을 때는 (한국인에 대한 일본인의) 차별과 왕따가 심했어요. 소학교 때 학교에 호적을 낼 때 저 혼자 친구들과 서류가 달라서 그때 처음으로 제 국적이 신경이 쓰였어요. 친구가 '조센진'이라고 놀리고 여자아이들까지 함부로 지껄이곤 했거든요. 그러다 보니까 다른 반의 아이들도 저에게 조센진이라고 괴롭혔어요. 친한 친구들은 제가 조선 사람인 걸 신경 안 쓰는데 잘 모르는 애들이 놀리고 괴롭혔죠. 조센진이라는 말에는 일본 사람이 아니라는 일종의 차별 의식과 무시하는 의미가 들어 있었기 때문에 그 말 하나만으로도 차별받는 느낌이었어요. 어쨌든 여러 가지로 조선 사람을 차별하는 일이 많았으니까.

동화지구와 조센진은 같은 뜻이었어요. 하지만 그런 말을 시작한 건 사실 어른이죠. 차별을 하는 것은 어른이고 어린이는 그런 차별을 하지 않지만, 어른이 아이들에게 그런 말을 하니까 자연스레 아이들이 차별하도록 가르치는 것이 되고 그 말이 그대로 널리 퍼지는 것이죠. 어른 말을 듣고, 또 그렇게 하니까 나쁜 것들이 퍼지는 겁니다. 그때 저는 저를 조센진이라고 놀리는 애들하고 싸움을 했어요. "네가 왜 그런 말을 하느냐"며 많이 싸웠습니다. 〈고베 02〉

소학교 4학년 때까지는 조선학교에 다녔어요. 아버지가 생각하시기에 조선학교에 가면 조선말을 배우니까 거기 보냈는데 김일성 교육이 너무 심해서 좀 위험하다고, 말을 배우는 게 가장 큰 목적이었는데 김일성 교육이 너무 강해서 안 된다, 그래서 조선학교를 그만두게 하고 일본학교에 보낼까 고민하셨는데 그때 일본학교는 왕따 문제가 아주 심했어요. 그래서 저를 외국인 학교에 다니게 하셨어요. 〈도쿄 13〉

차별은 조센진이라는 호칭뿐만 아니라 취직 문제에서도 흔히 있는 일이
었다.

　지금은 적어졌지만 재일한국인들에게는 구직 차별이 강하기도 했고요. 저
회 때는 (재일한국인은) 대학을 나와도 취직을 못했어요. 제 연령대의 재일한
국인 2세들은 대학에 들어가지 않은 사람이 많아요. 집에 돈이 있어도 대학
에 안 갔습니다. 재일한국인은 기술자나 의사나 변호사는 할 수 있었지만 그
외 일반 회사에는 들어가지 못했으니까 파친코 같은 서비스업을 하는 사람이
많았습니다. 〈오사카 02〉

　제가 한국인이라는 것 때문에 친구 중에 수군거리는 애는 없었지만, 차별
이라고 하는 것보다 힘들다고 느꼈던 것은 역시 취직할 때였습니다. 고등학
교를 졸업하고 취직을 할 때, 취직 담당 선생님이 "신 군! 국적 때문에 혹시라
도 문제가 될 수 있으니까 그건 미리 생각해두어야 해!" 하고 말씀하셨어요.
그렇지만 저는 그게 무슨 말인지 잘 몰라서 "에!" 하고 멍하게 있었어요. 지금
은 없어졌지만 오사카흥은(大阪興銀)이라는 민단계의 신용조합에 취직을 하
는 게 어떻겠냐고, 그러니까 그곳이 한국계 금융기관이니까 그쪽이 좋지 않
겠냐고 물어봤을 때 '역시 내가 한국인이구나, 일본인이 아니구나, 이 사회에
는 한국인과 일본인을 구별하는 게 있구나' 하고 느꼈습니다. 〈오사카 09〉

　별로 많지 않았지만 일할 때나 취직할 때, 집 빌릴 때는 역시 차별이 있다
고 생각해요. 창가학회에 입신을 하지 않았을 때였는데, 고등학교 졸업 후에
제가 하고 싶은 것은 미코상(巫堂さん, 일본 신사의 무녀)'이었어요. 고등학교
졸업쯤에 학교에서 취직 활동을 할 때 신사에서 일하는 미코가 되고 싶다고

했더니 선생님이, "그건 일본 사람의 일이다. 그건 네겐 무리다"라고 하시더군요. 그건 안 된다고 하셨죠. 〈고베 06〉

4. 본명과 통명 사이에서

특별히 어린 시절에 '조센진 차별'을 경험한 적이 없거나 취직할 때 외국인으로서의 불이익을 당하지 않아 한국인임을 자각하지 못하다가 뒤늦게 자신이 일본에 사는 외국인임을 깨달은 경우도 있다.

제가 소학교인가, 중학교에 다닐 때인데 학교에서 편지가 왔어요. 봉투에 '이○○'란 이름이 보여서 "이게 누구의 이름이지?" 했어요. 아버지가 "이거, 네 이름이야" 하셔서 '내가 왜?' 하고 생각했어요. 그때까지는 제 자신이 일본인이고, '기무라(木村)'라고 생각하면서 자랐습니다. 그리고 저희 가족이 통명을 쓰고 있는지 모르고 있었어요.

10년 전, 제가 대학생 때 유학 가려고 여권을 만들어야 했는데 그걸 만들려면 호적이 있어야 한다고 들었어요. 그때 아버지에게 "제 호적은 어디에요?" 했더니, 아버지가 "호적이 없다"고 하셔서 아주 놀랐어요. 아버지와 어머니가 일본에서 결혼해 일본의 등록증(외국인 등록증)은 가지고 있었지만, 한국에서 호적을 가지고 오지 못했기 때문에 그때까지도 호적이 없었다는 것을 그때 처음 알았어요. 저는 일본에서 한국인 아이로 태어나서 살았기 때문에 어떻게든 등록은 되어 있었지만, 일본에 살면서 내 호적이 없다는 건 아주 충격이었어요. 일본에 와서 사는 한국 사람들 중에 그런 사람이 많아요. 〈오사카 11〉

제 이름은 가네야마(金山)입니다. 그건요, 저희 아버지가 열 살에 일본에 오셨을 때, 옛날에는 정부에서 (한국 사람) 모두 일본식 이름인 통명을 쓰게 했어요. 일본명을 쓰지 않으면 안 된다는 법률이 있었어요. 그러지 않으면 안 되니까 저희도 통명을 썼어요. 후지 산이 아름다워서 김(金)씨 성에 산(山)을 붙인 거예요. 그래서 가네야마가 된 거예요. 귀화는 하지 않았습니다. 제 국적은 한국입니다. 〈오사카 03〉

〈오사카 11〉의 이름인 '기무라'는 '통명(通名)'으로, 이는 재일한국인 중에서 특별영주권을 갖고 있는 사람들이 호적에 있는 한국 이름 대신 사용하는 일본식 이름이다. 한국인들이 일본식 이름인 통명을 사용한 것에 대해 〈오사카 03〉은 법률에 의한 것이었다고 말하지만, 이것은 그가 그렇게 생각했을 뿐이지 사실이 아니다. 재일한국인의 호적에는 한국 이름이 그대로 기재되어 있었고, 학교 학적부에도 한국 이름이 올라 있었다. 그렇지만 재일한국인들은 대개 어릴 때부터 통명을 갖고 있었고, 그 이름을 학교에 갈 때 주로 사용했다. 부모 중에는 집에서 한국 이름으로 자녀를 호칭하는 경우가 많았지만 점차 통명, 즉 일본식 이름으로 호칭하는 경우가 늘어났다. 〈오사카 11〉의 경우도 가족이 어릴 때부터 통명으로만 불렀던 경우다. 특별영주권이 있어서 외국인 등록증은 가지고 있지만 호적은 그대로 한국에 있는 사람도 많았다. 〈오사카 11〉의 부모도 그러한 경우였다.

통명과 본명이 있을 경우, 대개 통명을 썼다. 굳이 본명인 한국 이름을 쓰는 경우는 최근의 일이다. 〈도쿄 13〉의 아버지는 의사로 일하던 과거에 본명을 쓰지 않았다. 그것은 일본 사회에서의 외국인에 대한 차별을 의식하고 있었기 때문이었다.

일본에서 소학교, 중학교, 고등학교에 다닐 때, 조센진이라고 하면서 차별을 하는 시대가 있었습니다. 저희 아버지도 의사를 할 때 '김'이라는 성을 전혀 못 쓰고 '후지사와'라는 이름을 쓰셨습니다. 저도 '후지사와'라는 이름을 갖고 있습니다. 통명이라고 하는데, 제 통명은 '후지사와'라서 '후지사와'라는 명함도 갖고 있고 '김민'이라는 명함도 갖고 있습니다. 저는 언제나 다 같이 쓰긴 하지만, 필요할 때는 양쪽을 쓰고 의사회에는 '후지사와'라는 명함을 씁니다. 특별한 의미는 없어요.

저희 아버지는 병원에서 절대 자신이 한국인라고 하는 걸 말하지 않으셨습니다. 부모님들이 자라면서 일본 사회로부터 차별을 받았기 때문에 그 의식이 없어지지 않았던 것 같습니다. 병원은 어떤 회사하고 여러 가지 계약을 하는데 그중에 '산업 재해'에 관한 계약을 할 때는 의사를 '산업의'라고 합니다. 저도 지금 그 '산업의'를 하는데, 계약을 할 때는 회사에 의사면허증을 제출해야 합니다. 그런데 저희 아버지는 '산업의'는 절대 하고 싶지 않다고 하셨습니다. 왜냐하면 의사면허증을 제출하게 되면 한국인이라는 게 알려질 것이고, 그러면 회사 쪽에서 아버지를 거절할까 봐 그걸 두려워하셨습니다. 그러나 저는 제 의사면허증을 회사에 보이면서 '그 회사가 안 하겠다고 하면 나도 안 하겠다, 아무 말도 안 하면 그냥 한다'고 생각했는데, 안 하겠다고 하는 회사는 하나도 없었어요. 그러니까 괜찮다는 뜻이죠.

저는 병원에서 한국어도 하고 일본어도 하고, 오는 환자에 따라서 다르게 말을 합니다. 저희 병원에는 외국인도 많이 옵니다. 그럼 영어로 말하고요. 〈도쿄 13〉

재일한국인 2세이자 일본에서 의사로 일하고 있는 〈도쿄 13〉은 자신의 통명과 본명을 모두 사용하고 있다. 한편 〈도쿄 14〉는 한국에 유학했다가 한국 기업에 취직했고, 지금은 일본으로 돌아와 무역업을 하고 있다. 그는 국적 차별을 피해 한국으로 갔다가 한국 기업에서 근무했는데, 일본에 돌아가서는 통명을 버리고 한국 이름으로 귀화했다.

　　재일한국인은 그때 취직이 어려웠어요. 일본 사회에서 재일교포는 공부를 많이 해도 국적으로 차별을 당했으니까, 저도 국적이 한국으로 되어 있어서 한국으로 갔습니다. 고려대학교 4학년 때 대우에 합격하고 서울 본사에서 근무했습니다. 그 당시 제 통명은 도요다(豊田)였는데, 창가대학 다닐 때부터 저는 본명 김○○과 통명 도요다를 모두 썼습니다. 2000년도에 귀화했는데 귀화할 때는 제 본명인 김○○으로 했습니다. 아이들도 모두 한국 이름으로 귀화했습니다. 〈도쿄 14〉

　과거 재일한국인이 한국 이름이 아닌 일본식 이름인 통명을 쓴다는 것은 너무나 당연한 일이었다. 그러나 1세대 재일한국인이 일본 법률에 의해 한국 이름을 쓰지 못한 반면, 지금 세대는 적재적소에서 편리하게 통명과 본명을 번갈아 쓰고 있다.
　재일한국인들은 대개 한국인이라는 자각이 분명하지 않았던 학창 시절에 친구들에게 통명으로 불렸고, 이후 일본인들과 생활하면서 역시 자연스레 통명을 썼다. 한국 이름이 있지만 일상생활에서 사용하지 않았기 때문에 꽤 오랫동안 자신이 한국인이라는 사실을 잊고 지낸 사람이 많았다.

　　고베 나가타에는 재일한국인이 많았지만 중학교 때는 이름도 통명을 쓰니까, 저도 친구 누구누구가 재일한국인인 줄을 몰랐죠. 〈고베 07〉

〈오사카 09〉는 어린 시절 주변에 재일한국인이 많이 살았기 때문에 국적에 따른 차별을 경험하지 않았고, 통명을 썼기 때문에 자신이 한국인이라는 의식이 없었다고 했다. 그러던 중 학교에서 본명을 쓰도록 법적 조치가 내려져 당황했던 경험이 있다고 했다.

그다지 차별이라고 하는 것을 느낀 적은 없었어요. 살던 곳이 이쿠노(生野) 구라는 특이한 지역이긴 했지만, 소학교 때는 절반 이상이 재일한국인이었어요. 하지만 소학교 입학과 동시에 이름을 본명으로 한다고 했어요. 본인 의사와는 관계없이 학교 규칙으로 그렇게 되었어요. 제가 1964년에 태어나서 일곱 살에 입학할 때, 그러니까 1971년경에 소학교는 의무교육 안에서 반드시 본명으로 한다는 법이 있었어요.

그러니까 저는 소학교에 입학할 때부터 한국 이름을 쓰게 되었어요. 그런데 일본의 아이들도 이웃집에는 한국인 아저씨가 있다든지 해서 제 이름을 특이하게 여기지는 않았어요. 이쿠노에서 소학교와 중학교를 마쳤는데 주변에 재일한국인들이 많아서 그랬는지 한국이다, 일본이다 구별하는 게 별로 없었어요.

단지 지금 코리아타운이라고 불리는 곳은 (그때 당시) 저희끼리는 '조선시장'이라는 표현으로, 뭐랄까요 그 말에는 냄새가 지독하고 지저분하다는 이미지가 있었어요. 소학교 때 친구 하나가 "조선시장에 갈 때면 거긴 조선 아줌마랑 아저씨만 있고 뭔가 기분이 찝찝하다"고 그런 말을 하는 걸 듣긴 했어요. 하지만 소학교, 중학교 다닐 때에 제가 한국인이라는 기분은 없었거든요. 그래서 친구가 그렇게 말해도 기분이 나쁘거나 하지는 않아서 차별 당한다고 느끼지 않았어요.

그런데 고등학교는 사립학교에 가게 되었는데 중학교 담임선생님이 제 본명을 사용해도 괜찮은지 물어보지 않고 아무 생각 없이 원서에 제 본명을 적어버렸어요. 고등학교에 입학한 후에 한 친구가 제 이름을 보고 "그거 어떻게 읽니?"라고 물어보기에 "신(愼)"이라고 했더니 친구가 "에!" 하면서 놀랐어요. 그때는 자이니치 한국인이라는 걸 모르는 친구가 많았기 때문에 한국에서 왔냐고 물어보는 친구도 있었어요. "아니다, 여기서 태어났다"고 대답하긴 했지만 한국인은 반에서 저 혼자였거든요. 그때 처음으로 다른 사람들이 저를 외국인으로 보는 게 신기하게 생각되었어요.

제가 한국인이라는 것 때문에 친구 중에 수군거리는 애는 없었지만, 차별이라고 하는 것보다 힘들다고 느꼈던 것은 역시 취직할 때였습니다. 고등학교를 졸업하고 취직을 할 때, 취직 담당 선생님이 "신 군! 국적 때문에 혹시라도 문제가 될 수 있으니까 그건 미리 생각해두어야 해!" 하고 말씀하셨어요. 그렇지만 저는 그게 무슨 말인지 잘 몰라서 "에!" 하고 멍하게 있었어요. 지금은 없어졌지만 오사카홍은(大阪興銀)이라는 민단계의 신용조합에 취직을 하는 게 어떻겠냐고, 그러니까 그곳이 한국계 금융기관이니까 그쪽이 좋지 않겠냐고 물어봤을 때 '역시 내가 한국인이구나, 일본인이 아니구나, 이 사회에는 한국인과 일본인을 구별하는 게 있구나' 하고 느꼈습니다. 〈오사카 09〉

5. 한국말의 벽

필자가 만났던 재일한국인들은 대부분 2, 3세로 일본 땅에서 태어나 학교 교육을 받으며 자랐고, 일본 사회 안에서 직업을 찾고 결혼하여 살아가고 있는 이들이었다. 그들에게는 모국어도 일본어다. 한국어는 각자 선택에 따라 배우는 제2외국어일 수밖에 없다. 그렇기 때문에 필자가 조사를 진행하면서 제일 크게 부딪친 문제는 언어의 벽이었다.

총련계 재일한국인과 비교해볼 때 구술자들의 한국어 구사 능력은 크게 떨어졌다. 2세 중에서 한국어로 대화가 가능했던 사람은 5명뿐이었고, 13명은 '아버지, 엄마, 언니, 오빠' 등의 가족 호칭만 겨우 알 정도였다. 3세 중 대학을 졸업했거나 재학 중인 고학력자는 전체 9명 중 4명으로 제2외국어로 한국어를 학습해 약간의 대화가 가능했지만, 그 외 고졸 이하의 사람들은 한국어를 배울 기회가 전혀 없었다고 했다. 즉, 전체 구술자 중 3분의 1 정도만 한국어로 면담이 가능했고, 나머지는 일본어로 대화할 수밖에 없었다. 한국어 교육을 받은 경험이 있더라도 주변 사람들이 쓰지 않아서 잊어버렸다는 사람도 있었다.

한국어는 소학교 때 수업이 끝나면 한국어 선생님이 와서 가르쳐주셨어요. 조선학교 선생이라고 들었어요. 주 1회 가르쳐주셨어요. 좋은 선생님이었지만, 주위가 일본어뿐이니까 점점 잊어버렸어요. 제 아이들은 (한국어를) 쓰지 않아요. 말은 쓰지 않으면 못하지요. 〈오사카 03〉

필자가 면담한 구술자 중 단 2명만이 총련에서 운영하는 조선학교에서 교육을 받은 경험이 있고, 나머지는 대부분 일본학교에 다녔다. 조선학교에서는 체계적으로 한글을 교육하며 교내에서 반드시 한국어를 사용하도록 한다. 따라서 조선학교에서 고등학교 과정까지 마치면 한국어 능력이 상당한 수준에 이를 수 있는데, 필자가 만난 이들은 조선학교에 잠시 다닌 경우라서 한국어로 의사 표현하는 것이 서툴렀다. 한편 일본학교를 다닌 재일한국인 2, 3세 구술자들은 한국어를 배울 기회가 거의 없었고, 집안에서도 한글을 사용하도록 부모가 강력히 요구한 경우가 없었다.

저희 집은 형제가 모두 저까지 조선학교에 다녔어요. 제 친정 할매가 여자가 시집가서 한국말을 못하면 안 된다고 해서 무리하게 들어갔어요. 일본학교에 가면 조센진이라고 따돌린다고요. 그런데 조선학교에 들어갔더니 김일성 이야기만 해요. 공부를 안 했어요, 저희 시대는. 학교도 교실도 없었고 자리 펴놓고 그 아래서 공부하고, 데모를 한다든가 소학교 학생일 때부터 데모하러 동원되고 그랬어요. 그래서 제 아이들은 거기 안 보냈어요. 아이들은 모두 일본학교에 갔습니다. 아이들은 한국말을 못해요. 저도 이제는 한국말의 의미를 모르겠어요. 읽지도 못하겠어요. 〈고베 03〉

6. 어디에서 한국을 배울 것인가

재일한국인 부모들이 자녀를 조선학교에 보낸 가장 큰 이유는 한국어 교육 때문이었다. 그들에게는 '나중에 경제적 상황이 좋아지면 고향으로 돌아갈 것이다. 한국에서 살려면 한국말을 배워야 한다. 그러니 일본인들의 학교가 아닌 우리말과 글을 배울 수 있는 조선학교에 다녀야 한다'는 생각이 컸다.

그러나 제가 고등학교 2학년 올라갈 때, 부모님이 정식으로 등록을 하기로 결정해서 출입국관리소에 가니까 거기서 "조선학교에 다니면 안 됩니다"라고 했습니다. 그때 일본은 북조선과 교류가 잘되지 않았지요. 그렇기 때문에 "일본에서 살 거라면 학교를 바꾸어주세요" 하고 출입국관리소에서 이야기를 했습니다. "학교를 바꾸면 등록을 해주겠다"고 했어요. 그것이 조건이었어요. '건국학교'로, 한국계 학교로 바꾸라고요. 한국 학교에 갔더니 그 학교에 다니려면 다시 1학년으로 입학해 들어오라고 해서 저는 아예 고등학교를 그

만둬 버렸어요. 〈오사카 02〉

해방 이후 재일한국인들이 한국과 한민족에 대한 교육을 받을 수 있었던 학교는 대개 총련 소속이었다. 민단계 민족학교는 도쿄의 금강학원, 오사카의 건국학원 정도뿐이었다. 더구나 당시 한국 정부의 관심사는 온통 남북 대결에 쏠려 있을 뿐, 재외동포의 자녀 교육을 위한 지원과 투자에는 전혀 관심을 두지 않았다.

민족학교를 다닌 아이들과 일반 일본학교를 다닌 학생들이 달라요. (김일성) 초상화도 있었고, '김일성 원수님의 혁명역사' 그런 시간도 있었습니다만, 재일 사회 안에서 민족성에 대한 교육을 (가장) 많이 했어요. 하지만 일본 정부에서 원조를 받지 못하기 때문에 학생 수도 적어지고 어려워졌어요. 귀화할 생각은 하지 않습니다. 민족 자존심이 있어서, 조그마한 자기의 자존심. 일본에서 나서 자랐지만 나는 한국인이라는 생각이 있어요. 일본인이 되고 싶다는 생각은 안 들어요. 〈도쿄 09〉

남편은 고베 출신이고, 소학교는 잘 모르겠지만 중학교, 고등학교는 조선학교를 다녔습니다. 그래서 한국어를 합니다. 발음이 좋아요. 조선대학교는 자기 기분에 맞지 않는다고 가지 않았어요. 뭐랄까 독선적인 것이 있다고요. 제 부모님도 옛날엔 총련 소속이었어요. 그때는 총련 소속이 많았다고요. 남편과 양친의 소속도 모두 총련이었는데 바꾸었어요. 제가 결혼했던 20년 전에는 총련, 결혼하고 나서 15~16년 후에는 국적을 민단으로 바꾸었습니다. 〈고베 02〉

도쿄의 외삼촌은 지금도 총련입니다. 이모도 간부를 하셨는데, 북조선으로 돌아가려고 하셨어요. 생활이 어려웠을 때 친구가 북조선에 가는 것을 보고 가려고 하셨죠. 나중에 알게 되었지만 북조선에 간 사람들이 모두 죽었잖아요. 총련 사람들은 자기 이야기들만 하고 다른 사람들이 하는 이야기를 듣지 않아요. 그리고 좋은 일밖에 이야길 안 해요.

어릴 때 총련 대회에 갔었어요. 도쿄 구단에 있는데, 총련 청년동맹이었어요. 사실 아무것도 모른 채 간 거죠. 그 사람들 이야기를 듣고 있으니까 나는 이 사람들과 함께 멤버가 될 수 없다는 기분이 들었어요. 그 후에 몸이 안 좋아서 나가지 않았어요. 몸이 나빠져서 다행이었습니다. 〈오사카 08〉

1945년 제2차 세계대전이 끝나자마자 일본 정부는 조선인을 모두 본국으로 몰아내기 위한 정책을 폈고, 여러 가지 사정 때문에 눌러앉은 조선인들에게서 일본 국적을 빼앗았다. 그리고 민족학교가 조선인을 대상으로 민족의식을 교육하는 것을 금지시키고, 모든 조선인이 일본학교에 다니도록 강요했다. 그렇다고 일본에 귀화하는 것을 적극 장려하지도 않았다. 한반도에서는 남북이 제각기 정부를 수립하고 이어 전쟁을 치르느라 막대한 희생이 뒤따랐고, 양쪽 정부는 재일한국인의 법적 지위, 생활 등에 신경 쓰지 못했다.

따라서 일본 내에서 재일한국인은 버린 자식 취급을 받으며 지낼 수밖에 없었다. 재일한국인들이 총련에 더 많이 속해 있었던 이유는 총련 조직이 민단에 비해서 훨씬 크고 활동적이었으며, 그들의 권익을 위해 바람막이 역할을 해줄 수 있는 능력이 있었기 때문이다. 당시 일본에 설립되었던 민족학교와 민족학급 대부분은 총련이 지원하고 관리하고 있었으며, 북한으로부터 지원금도 받았다. 교사도 대부분 총련 소속의 조선대학교 출신으로 채워졌다.

　재일한국인 2, 3세 중 한국어를 할 수 있는 사람은 부모가 한국에 돌아가기 위해서 자녀를 조선학교에 보낸 경험이 있거나, 본인 또는 부모가 한국인이라는 의식 때문에 한국어 공부를 따로 한 경우였다.

　　대학원 석사 과정에 들어가면서 본명으로 바꾸었어요. 통명을 안 쓰고, 대학원 입학 원서부터 제 본명을 썼어요. 이름은 바꾸었지만 한국어 공부를 할 생각은 못하고 있었어요. 고민만 하고 있었죠. 쓰쿠바(つくば) 시에는 한국 유학생들이 200명 정도 있어서 모임이 많이 있었어요. 하지만 박사 과정에 있을 때까지도 저는 '아, 야, 어, 여'도 못하고 있었거든요. 회식할 때나 그럴 때 다들 한국말로 이야기하는데 저 혼자 일본말로 이야기했어요. 그때 한국에서 오신 대학교 교수님이 저를 보면서 불쌍하다고 동정하시는 거예요. "아, 당신은 한국말도 못하고 정말 힘이 없다. 그렇게 해서 앞으로 어떻게 살 거냐"고 그러셨어요. 그 교수님이 6개월만이라도 한국어 공부하라고. 한국에 한번 한국말 공부하러 가라고 권했어요. 그럼 가겠다고 해서 대학원 박사과정 중에 휴학을 해서 연세대학교에 한국어 공부하러 가기로 했어요. 연세대학교에 갈 때는 신심하는 사람으로서, 재일동포로서 똑바로 사는 게 좋겠다고 생각하면서 즐거운 마음으로 떠났어요. 1986년 9월에 처음으로 한국에 간 거예요. 〈도쿄 16〉

　〈도쿄 16〉은 자신이 한국인이라는 것을 받아들이기까지 오랜 시간이 걸렸지만, 재일한국인으로서 일본에서 살기 위해 힘을 길러야겠다는 결심을 한 후에는 한국에 유학했고, 지금은 일본의 대학에서 한국 유학생들의 언어 교육을 하고 있다. 그러나 〈도쿄 16〉의 경우는 특별한 사례다. 한국어를 배

울 기회가 없고 친인척이 한국에 없어서 부모 세대부터 한국에 대한 관심을
두지 않았던 재일한국인들은 한국인으로서의 정체성을 갖기 힘들다. 구술
자 중에는 자신이 한국인이라는 점에 대해 의문을 품는 경우도 있었다.

우리 사는 세상은요, 솔직히 말해서 자기 자신이 어느 나라 사람인가 하는
것을 모르고 살지 않나요? 저는 일본인도 아니고 한국인이라고도 말할 수 없
어요. 한국말도 못하고 한국 사람이 뭐라고 하는지 알아듣지도 못하니까요.
한국인 입장에서 저를 볼 때도 한국인으로 보지 않을 것이고, 제가 한국인을
볼 때도 저와는 다른 나라 사람이에요.
그렇지만 제가 가장 하고 싶은 것이 한국어 공부입니다. 제가 귀화를 했고
일본인 남편과 결혼해서 법적으로는 일본인이지만 원래는 한국인이라는 생
각을 갖고 있는 게 좋겠다 싶어요. 〈오사카 11〉

반면 부모가 한국에 대해 관심이 없더라도 성인이 되면서 스스로 조국을
알고 싶고, 한국어를 배우고 싶어서 한국으로 유학을 가는 경우도 있었다.
〈도쿄 11〉은 창가대학에 입학하면서 교사가 되고자 했으나 재일한국인이
기 때문에 공무원이 될 수 없다는 사실을 알게 되었다. 그는 진로를 바꾸면
서 자신이 일본에서 사는 한국 사람으로서 어떻게 살아야 할까 고민했다.

저는 대학교에 합격하고 나서 한국말을 배우기 시작했습니다. 창가대학교
마기구치 선생의 만화를 너무 좋아해서 어렸을 때 읽어봤었거든요. 장래에
마기구치 선생님처럼 교사가 되고 싶었어요. 창가대학 교육학과에 지원을 했
습니다. 어머니에게 교육학과에 가고 싶은데 어떠신지 여쭈어봤어요. 재일교
포니까 공무원이 될 수 없다, 일본 사람도 어려운데 안 된다고 하셔서 교육학

과를 포기하고 경영학과에 들어갔어요. 그때부터 한국 사람이라는 것이 어떤 것인지 생각하기 시작했어요.

이케다 선생님의 책을 읽으면서 사람마다 사명이 있다, 그 사람답게 살아갈 수 있는 길이 있다고 해서 어차피 저도 일본 사회에서 살아가려면 한국 사람이라는 것을 오히려 무기로 삼자는 생각이 들었어요. 한국에 가본 적도 없고 한국말도 못하니까, 이번 기회에 배우자. 나는 원래 한국 사람이니까 한국말을 할 수 있다는 생각이 들어서 한국말 연구회에 가고, 그때까지 한국말도 몰랐으니까 NHK 〈라디오 강좌, 안녕하십니까〉 그것부터 시작했습니다. 책도 사고, 라디오도 매일 듣고, 한 페이지를 테이프에 녹음해서 창가대학이 크니까 돌아다니면서 듣고 집에 돌아가면서 듣고 하루에 100번도 더 들었어요. 그렇게 매일 배워서 한국어가 어느 정도 되니까 3학년 때 휴학을 하고 한국에 있는 연세어학당에 1년 (동안 공부하러) 갔습니다. 〈도쿄 11〉

그러나 한국에 유학해 한국어를 배우고 한국 사람들과 어울리면서도 자신이 한국에서 살 수 있다는 자신감을 얻지 못하거나 한국에서 역차별을 당한 경우도 있었다.

(한국에서 공부할 때) 힘들었습니다. 지금은 안 그렇지만 우선 한국 음식 먹는 게 힘들었습니다. 한국에 가서 1년 후에는 김치를 좋아했지만 처음에는 김치를 못 먹었으니까요. 그때는 저도 어렸고, 한 번밖에 가보지 못한 우리나라고, 말도 서툴고, 한국 사람에게 반(半)쪽발이라는 말도 듣고, 쪽발이 말고 반쪽발이라고 많이 들었습니다. 대학에서는 누군가 갑자기 뒤에서 발로 차기도 하고 그랬어요. 그때 한국 사람들이 저를 보고 "반쪽발이야!"라고 해서 싸웠어요. 의대 안에서 굉장히 많이 싸웠습니다.

그리고 의대는 굉장히, 지금도 그렇다고 생각합니다만, 학교 들어가서 1년 후에는 한 40명이 없어져요. 1년 동안에 40명이 낙제합니다. 공부를 열심히 하면 그런 게 없어질 거라고 생각해서 공부를 열심히 했습니다. 제목도 역시 많이 했어요. 시험도 자주 봤는데 제목을 열심히 했던 덕분에 성적이 좋았습니다. 성적이 좋으니까 학생들이 저를 보는 눈이 달라진 것 같았어요. 그 후로는 반쪽발이라고 놀리는 건 없어졌어요. 〈도쿄 13〉

7. 한국의 맛

재일한국인이 일본에 살면서 자신이 한국인이라는 것을 인지하는 경우는 호적에 기재된 국적에서가 아니라, 가정에 남아 있는 한국 문화의 사소한 습관 같은 것에서였다.

보통 일본인은 제사할 때 친척이 모이긴 하지만 관계가 엷어요. 친구들도 한국인은 친척 간의 결속이 다르다고 말해요. 한국 사람은 모일 때 요리도 많이 하고 그릇에 많이 담아서 모두 먹게 하잖아요. 하지만 일본인은 한 사람씩 (음식을 덜어) 조금씩 먹어요.

결혼 초기에 상을 차릴 때 제가 한국식으로 큰 접시에 음식을 볼록하게 놓으니까 남편과 시부모님 모두 젓가락을 반대쪽으로 해서 각각 음식을 덜어내서 드셨어요. 저는 '가족인데 같은 그릇으로 같이 먹는 게 뭐가 어때!' 하고 생각했지만 시댁은 음식 먹는 법이 저희 집과는 달랐어요. 또 제가 어릴 때부터 밥 먹을 때 아버지가 "국 말아 먹어!" 하면 밥에 국을 말아 먹었는데, 남편이 제가 그렇게 먹는 걸 보고는 밥을 갖고 왜 그러냐고 별로 안 좋아했어요. 한국과 일본 사이에 식문화가 서로 다르구나 생각했죠. 〈오사카 11〉

또는 한국말을 모르고 한국인이라는 자각이 없지만, 제사와 명절에 한국 음식을 해야 한다는 것으로 희미하게나마 자신이 한국 사람이라는 생각을 하는 경우도 있다.

제사나 명절은 여기선 부모님만 하면 되니까, 정월과 추석에 하고 해서 네 번. 친척이 없으니까 간단하게 합니다. 음식은 생선, 과일 그런 거, 떡도 합니다. 시루떡 같은 거, 떡집에서 사서 합니다. 일본 떡집에서도 한국 떡을 만들어 파니까, 한국 가게가 아니라도 한국 사람이 많아서 매일 만들어서 팝니다. 〈고베 04〉

〈고베 03〉은 고베대지진 때 집이 모두 허물어져 오갈 데가 없었다. 다니던 일터도 무너져 살길이 막막했을 때 시어머니로부터 배운 한국 음식으로 반찬 가게를 했고 곧 가정 살림을 회복시킬 수 있었다.

일도 못했지요. 그러다가 밥집을 했어요. 저희 집에서 낮에만 했어요. 조선 반찬으로요. 시어머니가 요리를 잘해서 가르쳐주셨지요. 일본 사람도 좋아하는 반찬을 해서 (밥집이) 재미있었어요. 그때 먹고살 만하게만 벌었어요. 밥집은 3년 정도 하고, 그 사이에 집을 지었어요. 〈고베 03〉

8. 귀화

1945년 일본이 제2차 세계대전에서 항복을 선언했을 때 고향으로 돌아가지 못하고 일본 땅에 남은 조선인과 해방 직후 1950년대의 격동기에 다시 일본으로 건너간 한국인 중에는 고국으로 돌아가 살고 싶어 한 사람이 많았다. 그러나 그것은 꿈이었을 뿐 현실은 귀향의 길을 힘들게 만들었다. 해방 직후 일본에서 살던 한국인 60만 명 중에 중 살아 있는 사람은 이제 10%도 되지 않는다. 1970년대까지만 해도 일본 땅에 남아 있던 재일한국인들에게는 본국으로 돌아갈지, 아니면 일본에 눌러살지 결정하는 것이 중요한 문제였지만, 이러한 문제는 이제 더 이상 그들에게 중요하지 않다. 특히 2000년 이후에는 일본 사회에서 하나의 민족 집단(ethnic group)으로 살아남을 수 있을지가 문제가 되었다(장인성, 2003: 44).

1990년대 이후의 상황을 보면 재일한국인 1세는 고령화되어 점차 줄었고, 그들이 낳은 2세와 더 나아가 3세가 빠른 속도로 증가하고 있다. 재일한국인 1세가 한국을 고향으로 생각하는 반면 2, 3세는 일본에서 태어나 자랐기 때문에 일본을 고향으로 여긴다. 따라서 그들은 1세와 여러 가지 면에서 크게 다른 모습을 보인다.

필자가 만났던 이들의 대부분은 재일한국인 2세와 3세였다. 그들은 그들의 부모 또는 조부모가 고국을 그리며 고향에 돌아갈 날을 꿈꾸던 때의 감성으로 한국을 생각하지 않는다. 일본 땅에서 어떻게 살아갈 것인가를 고민한다. 그들은 부모나 조부모 세대의 가난이나 차별에 대해서 피상적으로 알고 있다. 일본 사회 곳곳에 외국인에 대한 차별이 완전히 사라지지 않았지만 전 세대와 달리 노력하면 가능한 것도 많다고 여긴다. 재일한국인 3세에게는 한국이 고국이라는 생각이 더욱 희미하다. 그들이 살아가야 하는 땅은 한국이 아니라 일본인 것이다.

남편의 부모님이 규슈(九州)의 나가사키(長崎)와 구마모토(熊本) 사람인데 자랐던 마을에는 한국인이 거의 없었던 것 같아요. 그래서 남편의 부모님도 한국에 대한 것이나 풍습 같은 걸 배우지 못하고 자란 채 결혼했기 때문에 한국인이라는 의식이 거의 없었어요. 그러다 아이가 생겼을 때 이제부터 일본에서 생활하는 데에는 일본 국적인 편이 더 유리하다고 생각해서, 남편이 태어나고 몇 년 후에 가족 전부가 귀화했던 것 같아요. 〈오사카 11〉

재일한국인 부모들은 자식에게 실력을 키울 것을 강조한다. 자신의 세대에서는 대학을 나와도 취직할 수 있는 곳이 많지 않았지만 지금은 세상이 좋아졌기 때문에 교육을 받는 것이 경쟁력을 갖추는 것이라고 생각한다.

막내가 소학교 다닐 때 저희가 한국인이라는 것을 몰랐어요. 학교에서 무엇인가 이야기가 나왔을 때 집에 돌아와서는 "엄마? 나는 외국인이야?" 하고 물었어요. 한국에도 여러 번 다녀왔습니다만, 그것은 어릴 때였기 때문에 여기는 친척이 없어서 자기는 일본 사람이라고 느꼈다고 합니다. 그런데 학교에서 그런 이야기를 듣고 와서 "정말 그러냐?" 하고 묻기에, "할아버지, 할머니는 한국에서 태어나셨고 일본에 들어오셨다. 외할아버지, 외할머니는 이렇게 일본에 들어오셨다. 그렇기 때문에 우리들은 한국인이다" 하고 말했습니다.

싫다고 하지요! 한국인이라는 건. 일본에서 살고 있어서 일본인이라고 생각하고 있었는데 '사실은 한국인'이라고 하니까, '우리는 절대 일본인처럼 되지 못한다'는 게 이해가 안 되어서 싫다고 하는 거예요. 그래서 저는 아이들에게 말합니다. "그렇기 때문에 너희들은 더 열심히 공부해야 한다. 혹시나 이런 말하면 안 되겠지만 전쟁이 난다면 우리는 외국인이니까 '너희는 네 나라로 가버려라' 하는 일도 있을 수 있으니까, 무슨 일이 있어도 어느 나라를 가도 살 수 있도록 열심히 공부하라"고 말했습니다.

그래서 대학에 가야 한다, 여자도 남자도 그렇게 해서 자기 자신의 힘을 가져야 한다고 계속 교육을 시켜왔습니다. 여자라서 결혼하면 다 된다는 생각을 하지 말고 혼자서도 살 수 있도록 경제적인 능력을 갖도록 교육시켰습니다. 왜냐하면 저희는 일본 사회에서 자신이 하고 싶은 일을 하지 못했고, 전쟁 시기에 저희 선배들은 이것도 안 된다 저것도 못한다 하는 식으로 살아왔기 때문에 아이들에게는 능력이 있으면 다른 어느 나라에 가도 살 수 있다고, 그러기 위해서 열심히 공부를 해야 한다고 말해왔습니다. 〈오사카 02〉

그러나 〈도쿄 02〉는 실력이 있어도 국적이 문제가 될 수도 있다고 염려한다.

저희 어머니가 일본에서 살아가기 위해서는 기술을 배워라 해서 동생이 이공학계 건축과를 나왔습니다. 대학원 나오고는 건축회사에 바로 들어갔습니다. 실력으로 들어가서 지금 20년 동안 계속 근무하고 있는데, 그쪽은 국적이 아니라 개인의 실력을 보는 회사예요.

제 아들이 올해 대학에 들어갔는데 남동생에게 아들이 귀화를 해야 취직을 할 수 있을 거라고 의논을 했더니 남동생이 어느 회사나 실력을 보는 거다, 한국 사람이든지 일본 사람이든지 실력만 기르면 받아준다고 이야기했어요. 하지만 일반적으로는 그렇지 않거든요. 높은 학력을 가지거나 자격을 가지거나 하면 괜찮지만 일본 사람과 같은 조건이면 한국 사람을 취직시켜주거나 받아주는 회사는 없을 것 같습니다. 〈도쿄 02〉

아들이 창가대학 법학과에 다니고 있어서, 아이들 장래를 생각하면 귀화를 해야죠. 〈오사카 02〉

재일한국인 1세들은 고향에 돌아가기 위해 국적을 지키려 했지만, 최근 재일한국인들은 한국으로 돌아갈 일이 없을 것이기 때문에 한국 국적을 고집해야 할 필요가 없다고 여긴다.

귀화란 본국의 국적을 버리고 다른 나라의 국적을 얻는 것이다. 그런데 전 세계 다른 국가에서와 달리 한국인이 일본에서 귀화한다는 것은 특별한 의미를 담고 있다. 그것은 한국 교민으로서의 지위를 상실하는 것을 뜻하기 때문이다. 한국 땅에서 살다가 다른 나라에 가서 살게 된 한국인은 대부분 그 나라 국적을 취득한다. 흔히 우리가 '조선족'이라 부르는 재중동포도 모두 중국 국적이다. 하지만 일본만은 예외였다. 한국 정부의 해외 교민 통계를 보더라도 타국에서 국적을 취득한 사람이 교민의 범주에 포함되는 반면, 일본에서 귀화한 사람만은 제외한다. 더 이상 교민이 아니라고 생각하는 것이다.

왜 그렇게 된 것일까. 그것은 다른 국가들과 달리 일본이 재일한국인을 비롯한 일본 거주 외국인이 귀화를 통해 법적으로 '일본인'이 되는 것을 최대한 억제해왔기 때문이다. 일본의 국적법은 '단일민족국가론'으로 대표되는 '순혈주의' 혈연이데올로기에 따라 정해졌으며, 모든 '일본인'은 천황가(家)를 중심으로 혈연관계로 맺어진 '가족구성원'으로 이해된다는 보수적인 논리가 그 바탕에 깔려 있다(김범수, 2010: 230).

그 예로 일본 정부가 국적법 제4조에 명시된 귀화 조건 가운데 '소행이 선량'해야 한다는 문항을 자의적으로 해석해 외국인의 일본 국적 취득을 억제한 사례들을 볼 수 있다. 언론보도에 의하면, 귀화 관련 업무를 담당하는 일본 공무원들은 주차 위반 기록이 있거나 교통 범칙금 체납 기록이 있는 외국인의 귀화를 거부하기도 했다. 또한 귀화 신청자의 식생활, 사생활, 정치적 성향, 주변 사람들로부터의 평판을 조사해 문제가 있다고 판단되는 경우 자의적으로 귀화를 거부하기도 했다.

이와 더불어 일본 정부는 법률적 절차는 아니지만 행정적 편의를 위해, 즉 외국식 이름이 일본 호적에 기입될 수 없다는 이유로 귀화 신청자들에게 일본식 이름으로 개명할 것을 요구했고, 이를 거부할 경우 신청자가 '일본인이 될 의사가 부족하다'고 판단, 귀화를 허락하지 않았다. 일본 거주 외국인의 다수를 차지하는 재일한국인들은 이러한 요구가 1930~1940년대에 일제가 시행한 '창씨개명' 정책의 연장이라고 주장하며 아예 귀화 신청을 포기하기도 했다.

또한 개인이 아닌 가족 전체가 귀화를 신청할 수 있도록 한 행정 지침은 민족적 반감 등을 이유로 귀화에 대한 거부감이 큰 재일한국인 1세를 부모로 둔 2세와 3세의 귀화를 어렵게 만들었다(김범수, 2010: 231~232).

하지만 일본이 1979년 유엔의 국제인권규약을 비준하고, 이후 다양한 인권 관련 협약에 가입하면서 이러한 문제점들은 점차 개선되기 시작했다. 일본은 1984년 국적법을 개정하면서 호적법 일부를 개정해 부모양계혈통

〈표 2-2〉 재일한국인 귀화자 수

연도	인원	연도	인원	연도	인원	연도	인원	연도	인원
1952	232	1964	4,632	1976	3,951	1988	4,595	2000	9,842
1953	1,326	1965	3,438	1977	4,261	1989	4,759	2001	10,295
1954	2,435	1966	3,816	1978	5,362	1990	5,216	2002	9,188
1955	2,434	1967	3,391	1979	4,701	1991	5,665	2003	11,778
1956	2,290	1968	3,194	1980	5,987	1992	7,244	2004	11,031
1957	2,737	1969	1,889	1981	6,829	1993	7,697	2005	9,689
1958	2,246	1970	4,646	1982	6,521	1994	8,244	합계	296,168
1959	2,737	1971	2,874	1983	5,532	1995	10,327		
1960	3,763	1972	4,983	1984	4,608	1996	9,898		
1961	2,710	1973	5,769	1985	5,040	1997	9,678		
1962	3,222	1974	3,973	1986	5,110	1998	9,561		
1963	3,558	1975	6,323	1987	4,882	1999	10,059		

주: 재일본대한민국민단(http://www.mindan.org/kr/shokai07.php).

주의를 채택해, 부모 중 한 사람만 일본인이어도 자녀의 일본 국적 취득이 가능하도록 했다. 이와 함께 외국식 이름이 호적에 기입될 수 없다는 이유로 일본식 이름으로 바꿀 것을 요구하던 종전의 행정 관행도 공식적으로 폐지했다. 이에 따라 그동안 이름 변경 문제 때문에 귀화를 꺼리던 재일한국인의 귀화가 더욱 증가했다.

〈표 2-2〉는 재일한국인의 귀화 추이를 보여준다. 1950~1960년대에는 2,000~3,000명 수준에 머물던 귀화자가 1970~1980년대에는 4,000~5,000명으로 늘어났다가, 1990년대부터는 해마다 1만 명을 넘나들게 되었다. 2005년까지 약 30만 명의 재일한국인이 귀화했으므로, 현재는 35만 명이

〈표 2-3〉 재일한국인 혼인 추이

연도	총 건수	동포 간 혼인		외국인과의 혼인(%)	일본인과의 혼인(%)			기타 외국인(%)
		건수	비율(%)		남성	여성	합계	
1955	1,102	737	66.9	33.1	22.0	8.5	30.5	2.6
1965	5,693	3,681	64.7	35.3	19.8	14.8	34.6	0.7
1975	7,249	3,618	49.9	50.1	21.4	27.5	48.9	1.2
1985	8,588	2,404	28.0	72.0	29.4	42.2	71.6	0.4
1987	9,088	2,270	25.0	75.0	26.0	48.5	74.5	0.5
1990	13,934	2,195	15.8	84.2	19.5	64.2	83.7	0.5
1991	11,677	1,961	16.8	83.2	22.8	59.7	82.5	0.7
1992	10,242	1,805	17.6	82.4	27.4	54.1	81.5	0.9
1993	9,700	1,781	18.4	81.6	28.5	52.2	80.7	0.9
1994	9,228	1,616	17.5	82.5	29.1	52.6	81.7	0.8
1995	8,953	1,485	16.6	83.4	31.7	50.5	82.2	1.2
1996	8,804	1,438	16.3	83.7	31.8	50.7	82.5	1.2
1997	8,504	1,269	14.9	85.1	31.3	52.7	84.0	1.1
1998	9,172	1,279	13.9	86.1	28.7	56.1	84.8	1.3
1999	9,573	1,220	12.7	87.3	26.1	60.1	86.2	1.1
2000	9,483	1,151	12.1	87.9	21.7	65.5	87.2	0.7
2001	9,752	1,019	10.4	89.6	25.4	63.4	88.8	0.8
2002	8,847	943	10.7	89.3	26.9	60.5	87.4	1.9
2003	8,662	924	10.7	89.3	25.8	61.4	87.2	2.1
2004	9,187	949	10.3	89.7	25.0	62.4	87.4	2.3

주: 재일본대한민국민단(http://www.mindan.org/kr/shokai07.php).

넘었을 것으로 추정된다.

한편 〈표 2-3〉을 보면 재일한국인 간의 결혼이 1950년대만 해도 전체 3분의 2를 차지했지만, 1970년대에는 절반, 1980년대에는 30% 이하로 줄어든 것을 알 수 있다. 70% 이상의 재일한국인이 일본인과 결혼하는 형태로 급격히 바뀐 것이다. 1990년대 이후에는 80~90%가 일본인 배우자를 맞이하는 단계에 이르렀다. 이를 통해 앞으로는 한국인과 일본인의 구분이 사실상 큰 의미가 없어지는 단계로 접어들 것이라는 예상이 가능하다. 또한 이러한 흐름은 재일한국인 사회가 일본 사회로 조금씩 흡수·동화되어 가는 상황으로도 볼 수 있다.

필자가 면담한 재일한국인은 일본 생활이 오래되지 않은 도쿄의 뉴커머 3명을 포함해 모두 39명이다. 이들 중 〈고베 07〉은 아직 귀화를 하지 않았지만, 누나와 아내가 귀화를 했고 자신도 곧 귀화 수속을 밟을 예정이라고 했다. 그러니 지금쯤은 귀화를 했을 것이다. 이것을 감안하면 13명이 귀화를 했고, 23명은 귀화를 하지 않은 영주권자였다. 오사카에서는 11명 중에 5명이, 고베에서는 9명 중에 4명이, 도쿄에서는 16명 중에서 3명만이 귀화를 했다. 한국에 유학을 하거나 한국과 교류가 잦은 대졸 이상의 교육을 받은 도쿄 거주자는 대부분 귀화를 할 필요를 느끼지 못했다.[2] 또한 귀화를 하면서 한국식 이름을 등록한 사람들도 있었는데, 대개 익명성이 강한 대도시나 한국과 교류가 많은 지역의 거주자였다.

〈고베 04〉는 무척 어렵게 귀화를 했다. 굉장히 많은 서류를 준비해야 했고, 한국어로 된 서류를 일본어로 모두 바꾸어야 했다. 귀화하는 데는 1년

---

2 물론 예외는 있다. 귀화한 〈도쿄 14〉는 창가학회 내에서 비교적 높은 역직(役職)인 '권장(圈長)'을 맡고 있기 때문인지 공명당 정치 활동을 지원하기 위해(선거권이 있어야 활동이 원활할 것이라 여겨) 2001년도에 귀화했다고 했다.

정도의 시간이 걸렸다. 〈고베 04〉는 귀화할 때의 기분을 묻는 질문에 "아무 생각이 없었다. 국적은 필요 없는 것"이라고 대답했다.

귀화한 지 5년 되었습니다. 제 자신을 위해서였어요. 딸은 교원 면허를 위해서, 아들도 접골원 면허가 필요하고 해서 모두 귀화를 했습니다. 한국 국적으로는 어떤 것도 안 돼요. 한국어도 할 줄 모르고 앞으로 일본에서 생활 할거니까요. 선거 때 도움이 된다는 마음도 있었어요. 그래서 움직였지요. 열심히 제목을 올렸어요. 귀화는 서류(심사)가 무척 어려웠어요. 이 정도의(손으로 양을 표시하면서) 서류가 필요했어요. 가족뿐만이 아니라 부모님 때의 것도 필요했고 형제 것도 다 필요하고 하니까. 그리고 모든 한국 서류를 일본어로 번역해서 줘야 해요. 저는 한국어는 아무것도 못하니까 어려웠죠. 우연히 사람을 알게 되었는데 신문사에 다니는 사람이었어요. 한국의 신문사 사람인데 그 창가학회 사람 같았어요. 그 사람이 알았다 하고는, 제게 서류를 모두 주세요 하고 그걸 다 가지고 가서는 일주일 뒤에 모두 해서 제게 주었어요. 그래서 가능했어요. 아이들이 학생 때 했었는데 1년이 걸렸어요. 법무국에서 했어요. 〈고베 04〉

형제가 다섯인데 다들 따로따로 귀화했습니다. 남동생 둘이 부모님과 먼저 귀화하고, 여동생이 둘인데 하나가 (나중에) 귀화했어요. 저는 최근에 했고요. 왜 그런가 하면, 귀화는 서류라든지 여러 가지로 (심사가) 아주 엄격해요. 교통 위반이라도 한 적이 있으면 귀화하기 어렵거든요. 동생들은 그런 게 없어서 부드럽게 되었는데, 교통 위반 하나만 있어도 잘 안 되어요.
귀화를 신청하면 (허가되기까지) 1년 정도 걸려요. 저는 서류 심사만 해도 반년이 걸렸어요, 제가 쉬는 날에 호적을 번역해야 하고 부모의 호적에다가 가족 전부를 해야 하니까. 야마구치에서 서류를 받아 제출하고 나서 3개월 후에야 면접을 보았고, 허가받는 데 다시 반년이 걸렸어요. 전에는 돈도 많이 들고 그랬어요. 절차를 밟는 게 개인 혼자서는 할 수 없어서 회사에 맡기거나 했으니까요. 저는 일을 하면서 해서 시간이 더 많이 걸린 거죠. 〈고베 06〉

귀화할 때 아버지가 "국적은 어디든 상관없다, 귀화를 하는 것은 정부가 문제이기 때문"이라고 말씀하셨어요. 일본에서 살고 이곳을 토대로 해서 살아야 하니까 귀화를 하고, 그래서 시민권은 얻었지만 우리의 선조는 한국인이라고 하셨어요. 미국에서는 (한국계 미국인을) '코리안 아메리칸(Korean American)'이라고 하지요. 저희 아버지도 미국에 가서 그걸 보고 의식이 바뀌어서 귀화를 했어요. 저희도 '코리안 재패니즈(Korean Japanese)'라고 할 수 있다고 생각해요. 〈오사카 06〉

그런가 하면 재일한국인들 사이에는 일본에서 살기 위해서 귀화가 필요하다는 의견도 있지만 국적을 포기하는 행위라는 비난도 있다.

일본의 귀화 제도는 좋지 않은 것 같습니다. 신청하면 1년에서 2년 정도 걸립니다. 그동안에 이웃들도 체크하고요. 동창생 말을 들으니까 귀화를 하기 전에 경찰관이 여러 가지 질문을 한답니다. 일본 사람 되는 것이 무엇이 좋다고 그걸 하겠습니까? 그렇게 그런 식으로 하니까 귀화하면서도 일본에 불만 가지는 사람들이 많아요. 미국 시민권처럼 여기서 태어났으니까 권리를 받으면 좋은데 우리나라 사람들이 여기서 살아온 지가 오래되어서 이제는 2세가 되고 3세가 되었는데도 일본에서는 여전히 외국인이죠, 외국인.
저는 2세니까 어릴 때부터 부모님이 알려주기도 하고, 스스로도 한국인이고 외국인이라고 생각하고 살았지만 저희 애들, 3세는 아니에요. 이름은 한국 이름을 쓰지만 이 애들은 일본 사람이에요. 모든 느낌이 일본 사람이에요. 3세 이후는 완전히 일본 사람이 되어 있어요. 제 아이들은 도요다(豊田)라는 이름으로 학교에 다닙니다. 귀화 안 했어도 일본 이름으로 도요다라고 통명을 쓰고 있습니다. 은행의 통장을 만들 때나 학교를 다닐 때나 여러 가지 편리함 때문에 씁니다. 대부분 사람들은 일본 귀화 제도가 부드럽게 되면 귀화하려고 할 겁니다.

제가 민단에 들어가 있잖아요. 재일동포에게는 귀화하는 것을 나라를 버리는 것, 나라를 팔아버리는 것, 일본인이 되어서 동화되어버리는 것이라는 이미지가 있습니다. 하지만 그런 생각도 변해야 합니다. 아무래도 지금의 현실에서 제 아이들은 귀화를 해야 살아가기 수월하니까요. 취직할 때도 그렇고, 공무원 되는 것도 그렇고, 일본 사회에는 제약이 너무 많습니다. 한국에 나갈 때도 재입국(허가증)을 다시 받아야 하고, 계속 외국인 의식으로 살아가야 하니까 어디서부터라도 바꾸어야 합니다. 〈도쿄 02〉

한국 사람의 입장에서는 재일한국인들의 일본 국적으로의 귀화가 배신쯤으로 여겨질 수도 있지만, 재일한국인들은 일본에서 살아가기 위한 새로운 방편으로 귀화를 생각한다고 말한다. 하지만 일본의 귀화 제도를 들여다보면 재일한국인을 마지못해 수용한다는 인상이 짙다.

지금까지 연구를 위해 면담한 재일한국인들에 관해 살펴보았다. 그들은 한국 땅에 사는 한국인과 어떻게 다른가, 다르다면 무엇이 다른가, 그들은 같은 민족의 일원으로서 어떤 동질감을 갖고 있는가, 한국 땅에 살고 있는 한국인과 일본 땅에 살고 있는 그들 사이의 거리는 과연 어느 정도일까. 필자가 그들에게 한 질문과 그들의 대답만으로는 대강이라도 그들을 이해했다고 말할 수 없다. 그러나 그들 각각의 다른 삶, 다른 이야기 속에 공통된 것이 있었다. 그것은 '한국' 또는 '한국인'이라는 것이 그들에게 지운 운명의 무게였다. 이는 단순히 글로 표현해낼 수 없는 영역이다. 그들에게 주어진 운명의 무게는 그들의 삶의 현장이 바로 일본이기 때문에 더욱 도드라져 보인다.

그렇다면 재일한국인들은 왜 창가학회의 회원이 되었을까. 다음 장에서는 일본에서 생겨나 오늘날 전 세계로 부흥하고 있는 창가학회에 대해 먼저 알아보고자 한다.

제 3 장

창가학회

1. 니치렌

중세 시대의 종교는 사회 구성원에게 가치관은 물론, 중요한 사회 규범과 관습까지 지정해주는 것이 보통이었다. 그래서 민중은 정치권력을 장악한 왕과 귀족들에게 복종하면서 불만이 있더라도 권력의 가르침을 따랐다. 종교 지도자와 귀족 간의 공생·협력 관계는 우매한 민중 위에 만들어진다. 근대 사회에 신종교가 등장한 가장 큰 이유는 불교·유교·도교·기독교 등의 기존 종교가 새로운 시대가 필요로 하는 것을 대중에게 제공하지 못했기 때문이다. 변화하는 사회에 적응·대처하지 못하는 종교는 방황하는 민중에게 삶의 의미를 깨닫게 하거나 살아가는 방향을 제시하지 못하면서 부패한다. 그리고 이러한 과정에서 새로운 종교가 나타난다. 신종교는 대부분 기존 종교의 교리를 새롭게 해석하거나, 의례 또는 종교조직을 재구성하면서 출발한다. 종교의 역사는 구세계 위에 세운 신세계의 반복으로, 그 안에는 한결같이 믿음을 통해 인간과 세상을 구원하자는 외침이 담겨 있다.

창가학회 역시 불교 교단인 일련정종(日蓮正宗)의 신도 단체로 출발했다. 일련정종은 가마쿠라(鎌倉) 시대의 승려 니치렌(日蓮)이 인도와 중국에서 받아들인 불교 경전과 풀이를 재해석한 교리를 바탕으로 한다. 니치렌은 기존의 불교 지도자들을 비판하고, 자신의 주장을 따라서 새로운 방식의 불교를 만들어가야 한다고 설파했다.

가마쿠라 시대 이전까지 일본 불교는 지배층을 위한 것이었다. 고대에 일본에 들어온 불교가 오랫동안 민중 사이에 널리 퍼지지 못한 채 지배층을 위한 종교로 머물러 있었던 가장 큰 이유는 경전이 어려웠기 때문이다. 고도의 전문 지식 없이는 불교의 경전을 읽기 어려웠으므로 소수의 지식

층, 특히 승려만이 교리를 이해했고, 그들은 지배층을 위해서 활동했다.

그러다 12세기 이후 불교의 경전을 새롭게 해석하는 승려가 다수 출현했고, 그들의 가르침을 받아들이는 계층이 확대되었다. 새로운 종파로 조도슈(淨土宗), 조도신슈(淨土眞宗), 지슈(時宗), 린자이슈(臨濟宗), 소토슈(曹洞宗) 등이 생겨났고, 니치렌슈(日蓮宗)도 등장했다(서영애, 2003: 142). 그중 그 시대에 가장 널리 유행한 종파는 조도슈, 조도신슈, 지슈 등이었는데, 이들을 하나로 묶어 염불종(念佛宗)이라고 한다. 주요 인물은 조도슈의 창시자인 호넨(法然)과 그의 제자로 조도신슈를 창시한 신란(親鸞)인데, 특히 신란은 '누구라도 나무아미타불이라고 한 번만 염불하면 구원을 받는다'고 주장해 농민과 무사를 시작으로 영주, 상인에 이르기까지 폭넓은 계층에서 커다란 호응을 받았다. 한편 호넨의 제자로부터 정토염불을 배운 잇펜(一遍)은 '한 번 염불하여 아미타불과 일체가 된다'고 생각했다. 그리고 그 후 '나무아미타불(南無阿彌陀佛)'이라고 쓴 종이를 배포하면서 일본 전국을 순례하며 염불을 전했다(서영애, 2003: 145). 이렇게 염불을 통한 구원을 제시한 새로운 가르침은 시대를 풍미하며 민중 속에 깊숙하게 퍼져나갔다.

이와 비슷한 시기에 등장한 니치렌은 그들과 다른 길을 제시했다. 그는 대승불교(大乘佛敎)로서 중국에서 성립된 천태종(天台宗)을 계승해, 불교 경전 가운데 묘법연화경[妙法蓮華經, 줄여서 법화경(法華經)이라고 함]이 가장 중요한 진리를 담고 있다고 보았다. 그는 법화경에 담긴 석가모니 부처의 가르침에 따라 그가 태어난 시대야말로 자연재해가 빈발하고, 사회 혼란이 크게 일어나는 말법(末法)의 시대라고 규정했다. 그러면서 세상에 널리 퍼지고 있는 염불 신앙은 현실을 외면한 채, 내세에 극락정토(極樂淨土)에 이를 수 있도록 불상 앞에서 끝없이 '나무아미타불 관세음보살'을 염불하라고 가르친다고 비판했다. 이러한 잘못된 가르침에 따라 민중이 현실의 혼란과 괴로움을 정해진 숙명으로 여긴다는 것이었다. 따라서 그는 기존의 지배층을 위한 종파, 현실을 외면하고 죽은 뒤의 구원을 강조하는 종파를 모두 비판하고 불교의 개혁을 주장했다.

또한 그는 말법의 시대에 구원의 빛을 제시할 상행보살이 등장해서 새로운 진리를 전파할 것이라는 법화경의 가르침을 받아들여, 새 시대의 상행보살이 바로 자신이라고 주장했다. 이러한 그의 주장은 언뜻 보면 서양 기독교의 메시아 출현과 비슷해 보이지만, 자신이 상행보살이자 동시에 민중 하나하나가 모두 부처가 되어야 한다고 역설했다는 점에서 크게 다르다.

그 당시에는 수행 및 공덕을 쌓는 전통적인 방법으로 서사행(書寫行)이 있었다. 서사행이란 불교 경전을 베껴서 다른 사람들에게 전파하는 것으로, 당시 불교 경전이 워낙 귀했기 때문에 큰 공덕으로 여겼다. 그러나 자신이 직접 베껴 쓰지 않고 돈을 시주해서 전문 사서들에게 쓰도록 하는 것도 공덕으로 여기던 관습이 있어서, 돈을 많이 시주할수록 공덕이 높아진다고 알려져 있었다. 니치렌은 시주를 많이 한다고 부처가 되는 것이 아니라고 했다. 특히 서사행 대신 법화경의 가르침을 익히고 실천하는 것이 더 중요하다고 가르쳤다. 또한 평소에 끊임없이 '남묘호렌게쿄(南無妙法蓮華經, 묘법연화경의 진리에 귀의하겠다는 뜻)'라는 주문을 암송하라고 강조했다.

니치렌은 또한 '사람은 누구나 불성(佛性)을 지니고 있으므로 스스로 깨닫는 것이 중요하다. 그러므로 숭배 대상이었던 불상(佛像)을 치우라'고 했다. 불상을 치우라고 한 것은 불상이라는 눈에 보이는 대상물을 진짜 부처라고 착각하고, 지나치게 의존하고 공을 들이는 당시 불교 신앙의 잘못된 문화를 바로잡으려는 뜻이었다. 하지만 나중에는 불상을 방법(謗法)이라고 규정하고 치워버리자 중생들이 힘들어하는 것 같다며, '남묘호렌게쿄'라고 적은 만다라(曼荼羅)를 주면서 불상 대신 그 앞에서 수행을 하라고 가르쳤다. 이 만다라를 일련종(日蓮宗)에서는 본존(本尊)이라고 부른다.

니치렌은 다른 종교들의 가르침을 철저하게 배격하고, 자신들의 진리를 다른 사람들에게 강력하게 포교하는 절복(折伏)을 강조했다. 당시 사회에서 큰 세력을 형성하던 염불종, 진언종 등의 기존 불교 종파를 비판하고, 사회 개혁을 주장하던 니치렌은 다른 불교 종파 지도자들과 정치 지도자들의 탄압을 받았다. 그럼에도 니치렌의 가르침은 그가 죽은 다음에도 계속 이어졌고, 그를 종조(宗祖)로 받드는 일련종은 일본 불교의 한 흐름으로 정착할 수 있었다.

그러나 일련종은 각종 불상을 다시 들여놓는 등 세월의 흐름 속에서 기성 불교와 타협했고, 신도들의 장례를 치러주는 데 열중하는 평범한 일본 불교의 한 종파가 되어버렸다. 그중에서도 일련정종(니치렌을 종조로 모시는 일련종의 여러 종파 가운데 하나)은 일체의 불상을 배격하고, 니치렌본불론(日蓮本佛論)을 주장하는 매우 배타적인 종파였다. 그로 인해 신도 수가 적은 소수 종파로 이어졌지만, 근대 사회에 들어서는 시점에서 부활할 가능성도 충분히 안고 있었다.

2. 남묘호렌게쿄

한국 사회에서는 창가학회라고 하면 잘 모르는 사람이 많다. 학회라는 명칭 때문에 학자들의 학술 단체가 아닐까 생각하는 사람도 많다. 일반인들에게는 '남묘호렌교(敎)', '남녀호랑이교(敎)' 등의 이름으로 더 잘 알려져 있다. 이 속칭을 듣고서야 사람들은 "아! 그 이상한 종교, 나도 들어본 적이 있어!" 한다. 그러면서 이름이 참 이상하다고 말한다.

'남묘호렌게교'는 교단의 명칭이 아닌 일종의 염불(念佛)이다. 한국에서는 거의 들을 수 없지만, 남묘호렌게교라는 말은 나무묘법연화경(南無妙法蓮華經)의 일본어 발음이다. 한국의 사찰에서 승려가 목탁을 두들기며 염불하는 말은 대부분 "나무아미타불 관세음보살(南無阿彌陀佛 觀世音菩薩)"이다. 이 말은 '아미타 부처님과 관세음보살님에게 귀의합니다' 또는 '아미타 부처님과 관세음보살님의 가르침에 따라 살겠습니다'라는 의미를 담고 있다. 아미타 부처는 극락(極樂), 서방정토(西方淨土)의 부처이고, 관세음보살은 자비의 마음으로 중생을 구제·제도해 서방정토로 이끄는 보살이라고 여겨, 염불을 통해 죽은 다음의 저세상에서 복을 누리며 살게 해달라고 기원한 것이다.

묘법연화경은 법화경이라고도 불리는 불교 경전의 이름이다. 법화경은 부처의 가르침을 기록한 경전 중에서 가장 나중에 출현한 것이다. 지금으로부터 700여 년 전, 일본 승려 니치렌은 수많은 불교 경전 중에서 법화경이야말로 핵심 진리를 담고 있는 경전이며, 이 경전의 가르침을 따라 살아야 한다고 주장했다. 일본 불교에서도 한국 불교와 마찬가지로 나무아미타불 관세음보살을 반복해서 암송하는 종파가 대세였지만, 한국과 달리 '남묘호렌게교'를 외는 일련종이 등장했고, 그 종파가 세력을 형성하면서 상당한 비중을 차지하게 되었다.

창가학회 외에 입정교성회, 영우회도 모두 법화계(法華系) 신종교다. 이들 교단의 신도는 모두 남묘호렌게교를 암송한다. 즉, 남묘호렌게교는 일본에서는 상당히 익숙한 것이다. 그러나 나무아미타불에 익숙한 한국인에게 이 일본어 발음은 무척 낯설다. 그래서 이 염불이 불교적인 내용을 담고 있다고는 생각하지 못했던 것이다. 창가학회 신도들은 남묘호렌게교를 염불이라고 지칭하는 것을 싫어할지도 모른다. 왜냐하면 염불이라는 말은 일본

가마쿠라 시대에 널리 퍼졌던 염불종을 떠올리게 하기 때문이다. 창가학회 회원들은 남묘호렌게쿄를 암송하는 것을 '제목(題目)'이라고 한다.

3. 창가학회의 출발과 성장

창가학회의 모태는 창가교육학회(創價敎育學會)이며, 설립자는 마기구치 쓰네사부로(牧口常三郞)다. 마기구치는 원래 소학교 교장이자 교육학자였으며, 근대 일본 교육 체계를 개혁하는 데 관심이 많았던 인물이다. 그는 교육 개혁 원리로 창가교육(創價敎育)을 제시했다. '창가(創價)'란 '가치 창조'라는 뜻을 담고 있으며, 창가교육은 삶 속에서 끊임없이 새로운 가치를 창조해나가는 주체적인 인간을 기르는 것을 목표로 했다.

근대적인 교육을 받고 학자이자 교육자로 활동하던 마기구치는 1930년경 일련정종의 신도가 되었다. 그 후 그는 자신의 교육론에 동조하는 사람을 모아 창가교육학회를 설립하고, 이를 일련정종의 재가 신도 단체로 만들었다. 마기구치는 자신이 배운 근대 교육학과 전통 신앙을 결합시키고자 했다. 그리고 이를 통해 교육 혁신을 일으키고 싶어 했다. 그는 자신의 신앙을 창가교육학 원리와 결합시키는 동시에, 이론에 그치지 않고 회원들과 함께 창가교육과 일련정종 신앙을 하나로 묶어 실천하는 생활을 모색했다.

일제 말기 한국에서 신사 참배가 강요되었듯이, 일본 내에서도 일반 대중을 비롯한 종교 단체에 속한 신도들에게까지 신사 참배가 강요되었다. 당시 메이지(明治) 정부는 모든 종교의 신 위에 국가 신도의 신, 즉 일본을 지켜주는 신들을 올려놓고 있었다. 일련정종의 승려들은 다른 일련종 계통의 교단과 합치라는 명령은 받아들이지 않고 있었지만, 국가가 강요하는 신사 참배에 동의했고 신도 단체들에게도 신사 참배를 명령했다. 그러나 마기구치와 창가교육학회 간부 19명은 신사 참배가 니치렌의 가르침에 위배된다고 거부했다가 투옥되었다. 이들 중 대부분은 전향해 감옥에서 나왔지만, 마기구치와 그의 제자인 도다 조세이(戶田城聖)는 전향을 거부하고 버텼다. 결국 마기구치는 옥중에서 사망하고, 도다는 1945년에 출옥했다. 이 때문에 창가교육학회는 일본 군국주의에 저항했던 몇 안 되는 종교 단체 가운데 하나로 꼽히게 되었다.

도다는 창가교육학회를 재건하면서 이름을 '창가학회'로 바꾸고 본격적인 종교 단체로 재출발시켰다. 창가학회는 국가 종교가 무너지고 전통 종교가 더 이상 대중에게 의미를 주지 못하는 상황에서 새로운 종교 운동으로 등장했다. 물론 무(無)에서 솟아난 것은 아니었다. 그것은 강렬한 종교 체험이 없이는 불가능한 것이었다. 도다는 스승인 마기구치가 제시한 근대 교육 개혁 사상에 끌렸다. 그래서 기꺼이 마기구치를 따라서 창가교육학회의 일을 맡아 보고, 그가 감옥에 갈 때 함께 들어갔다. 그는 총명하고 재주가 많았으며 마기구치의 교육 철학에 공명하고 있었지만, 그처럼 불교의 신앙심이 깊었던 것은 아니었다. 그런데 스승이 옥사하고 홀로 갇혀 있던 어느 날 법화경을 반복해서 읽다가 깨달음을 얻게 되었다.

도다가 얻은 깨달음의 핵심은 생명론이었다. '우주의 궁극적인 진리의 실체가 무엇인가'를 두고 생각을 거듭하던 그는, 진리는 바로 삼라만상에 편재하는 생명이고 그 생명이 자신의 생명과 맞닿아 있다는 것을 강하게 체험했다. 그는 자신의 체험을 바탕으로 남묘호렌게쿄를 입으로 소리 내어 외우는, 즉 창제(唱題)를 하는 과정에서 우주의 생명, 동식물의 생명과 공명(共鳴)하는 것이 가능하다고 생각하게 되었다. 법화경을 읽다가 인생의 의미를 해석하는 우주관, 인생관, 생명관을 확립한 것이다. 출옥한 그는 전후(戰後) 일본의 폐허 속에서 생명의 꽃을 피우기 위해서는 조직적인 운동을 전개할 필요가 있다고 판단했다. 그는 스승의 개혁 사상을 계승하는 한편으로 사회 전체를 구원하는 생명의 원리로 생명론을 승화·확대시켜갔다.

창가학회의 제3대 회장인 이케다는 당시 창가학회로 명칭을 바꾼 이유를 다음과 같이 설명했다. "우선 창가교육학회의 명칭을 창가학회라고 바꾸기로 결정했다. 학회의 목적과 활동은 교육계뿐만 아니라 니치렌 대성인의 삼대비법(三大秘法)을 바탕으로 정치·경제·문화 등 전 사회의 계층에 희망과 활력을 부여하는 일이며, 그 영구불변의 대철리를 유포할 것을 결의하고 있었기 때문이다."[1]

제2대 회장이 된 도다(초대 회장은 마기구치)는 1948년 창가학회 출범 당시 3,000세대도 되지 않던 신도를 자신이 죽기 전에 75만 세대까지 늘릴 것이라고 공개적으로 선언했는데, 이것은 종교 체험에 바탕을 둔 자신감이 없었다면 불가능했을 것이다. 그는 선언 이후 1957년에 사망하기까지 창가학회 신도들과 더불어 열정적이 포교 활동을 전개했고, 그 결과 교단은 성장을 거듭했다. 이 활동을 창가학회 회원들은 '절복대행진(折伏大行進)'이라고 부른다. 결국 창가학회는 목표치를 훨씬 넘는 신도 확보에 성공했다.

제3대 회장인 이케다는 도다의 제자로 당시 30대 청년부장이었다. 그는 1960~1970년대에 더욱 조직적인 포교 활동을 전개해 신도 수를 700만 명으로 늘렸고, 창가학회는 엄청난 규모의 종교 단체로 성장했다. 신도는 전국에 걸쳐 분포하고 있었으며 대체로 도시 하층민, 자영업자 계층에 집중되어 있었다. 1975년 창가학회는 SGI(Soka Gakkai International)이라는 조직을 따로 구성해 전 세계를 대상으로 한 포교를 강력히 추진했다. 그 결과

---

1 이케다 다이사쿠, 『인간혁명』(화광출판사, 1996), 제1권, 199쪽.

1990년대 초에는 148개국에 창가학회가 조직되어 있으며 해외 회원 수는 170만 명에 이르렀던 것으로 알려졌다.

창가학회가 이처럼 엄청난 규모로 성장하자 일련정종 지도부는 상당한 부담을 느끼게 되었다. 원래 창가학회는 일련정종의 재가 단체로 그 하위 조직으로 존재하고 있었다. 일련정종은 승려 중심으로 조직되어 있고 신도들은 그 아래 재가 단체에 속하게 되어 있는데, 이것은 개별 사찰 중심으로 신도가 꾸려지는 한국의 불교와는 상당히 다른 조직 체계다. 일련정종 재가 단체 중에는 창가학회 외에 법화강(法華講)이라는 신도 조직도 있었다. 법화강은 신도 수가 2~3만 명 정도로 700만 세대에 이르는 창가학회에 비교해 그 규모가 너무 작았고, 일련정종은 조직적으로 엄청난 불균형 상태에 이르게 되었다.

일련정종의 책임자인 법주(法主)는 신도들 사이에서 최고의 종교적 권위를 보유한 인물이었다. 그러나 그 당시 신도들은 법주와 승려 조직에 대해 상당한 불신을 갖고 있었으며, 따라서 종종 갈등을 빚었다. 문제는 일본 불교가 오랜 역사 속에서 생명력을 잃고 장식(葬式) 불교로 전락했으며, '썩었다'는 지적을 신도들로부터 많이 받고 있었다는 것이다.

에도(江戶) 시대 이후 일본 불교의 특징을 규정한 것은 단가(檀家) 제도였다. 이 제도는 가톨릭의 교구(敎區)처럼 모든 신도가 절에 소속되어 출생, 결혼, 사망에 따르는 일체의 행정 처리를 하도록 한 것이다. 특히 사람이 죽으면 절에 있는 승려들이 나서서 장례식을 집전하고, 화장하고 난 뒤 뼈를 절 안의 납골당에 모시도록 했다. 말하자면 어느 사람이 조부모 또는 부모를 특정 절의 납골당에 모시면 일가족이 그 절을 정기적으로 방문하기 때문에 결국 그 집안 전체가 그 절의 소속이 되는 것이다. 한국인들은 가족 단위로 집에서 조상의 제사를 지내지만, 일본인들은 절에서 제사를 지내는 셈이다. 한국은 조선 시대에 불교가 탄압을 받았지만, 당시 일본에서는 불교가 지배 조직의 한 부분이었다. 그렇기에 승려들은 지배층의 일원이었고 경제적으로도 윤택했기 때문에 대중을 상대로 포교를 할 필요가 없었다.

그러나 메이지유신 이후 사정은 바뀌었다. 막부 정권이 무너지고 천황 친정 형태의 통일 국가가 등장하면서 막부를 위해 존재하던 단가 제도는 철폐되고, 그 행정 처리를 모두 행정 기관에서 하도록 바뀐 것이다. 또한 신도(神道)를 정비하는 한편 불교를 탄압했는데, 이를 흔히 '폐불훼석(廢佛毁釋)'이라고 한다. 그리고 승려의 힘을 약화시키기 위한 조치로 승려의 결혼 허용을 법으로 명시했다. 당시 일부 반발이 있었지만 대부분의 승려가 결혼해 대처승이 되었다(야스마루 요시오, 2002). 이때부터 일본 불교 승려들의 특권은 다소 사라졌다. 그러나 장례 때는 승려들에게 의례를 부탁해야 했고, 조상들의 뼈를 묻어둔 납골당이 절에 있기 때문에 정기적으로 절을 방문해야 했다. 행정 처리는 행정 기관에서 했지만 장례와 가족묘인 납골당 관리는 사찰을 이용했다. 승려들은 신도들에게 헌금을 받아 의례를 행했고 납골당을 운영했다.

일련정종 교단도 사정은 마찬가지였다. 그런데 창가학회는 일본 불교의 개혁적인 성향을 부활시켜 강력히 포교를 추진한 것이다. 이 때문에 보수적인 성향의 일련정종 승려 집단과 개혁적인 성향의 창가학회 조직 구성원 사이에는 갈등이 끊이지 않았다. 승려 입장에서는 창가학회가 많은 헌금을 내고 수많은 절을 지어 시주하고 있었기 때문에 함부로 대하기가 어려웠지만, 그렇다고 그들의 종교적 권위가 통하지 않는 집단을 거느리고 있는 것은 대단히 부담스러웠다. 반면 창가학회 구성원들은 승려들을 '보수적이고 귀족적인 부패 집단'으로 간주하고 있었다.

도다는 일련정종 본부와 존사(尊師, 일본에서 불교 지도자를 가리키는 말)의 권위는 그대로 인정했다. 돈이 모이면 일련정종에 헌금했고 새 절을 짓도록 했다. 그렇지만 도다는 일련정종 불교 종파가 낡고 썩었으며, 불경의 가르침을 제대로 소화할 만한 사람이 별로 없다고 생각하고 있었다. 그렇지만 일련정종과 결별하려는 생각을 갖지는 않았다. 종교적 권위를 장악한 승려 집단에 정면 도전하기는 어려운 상태였기 때문에, 두 세력은 불편한 동반 관계를 상당히 오랫동안 유지할 수밖에 없었다. 이 불편한 동거는 1991년까지 계속되었다.

1990년 일련정종의 법주가 이케다 회장을 비롯한 창가학회의 간부들을 모두 파문하는 사건이 일어났다. 원래 의도는 이케다 회장을 비롯한 몇몇 주요 간부들을 내쫓고, 그 자리에 자신들의 권위에 복종하는 창가학회 간부를 앉히려는 것이었지만 뜻대로 되지 않았다. 그 뒤 일련정종과 창가학회는 완전히 분리되어 창가학회는 일련정종을 비판하고, 일련정종은 창가학회를 비난하면서 각기 독자적인 교단이 되어 오늘에 이르고 있다. 한국에서도 1980년대까지 창가학회의 명칭은 '일련정종 창가학회' 또는 '일련정종 한국불교회'였는데, 1990년대부터 일련정종과 창가학회가 분리되면서 창가학회의 정식 명칭이 'SGI 한국불교회'가 되었다.

사회학자 브라이언 윌슨(Bryan Wilson)은 일련정종과 재가 신도 단체로서의 창가학회를 서양의 가톨릭·프로테스탄트와 비교했다. 그는 "프로테스탄트가 처음에는 가톨릭의 사제들을 공격하며 분리되어 나왔지만, 지금은 가톨릭과 마찬가지로 또 하나의 독자적인 교단을 형성하고 있다. 이와 마찬가지로 창가학회는 불교임에는 틀림없지만 옛날의 불교가 아닌 새로운 형태의 불교로서 나온 것이다. 따라서 앞으로 창가학회도 일련정종과 완전히 분리되어 또 하나의 불교 조직이 될 것이다"라고 지적했다.[2]

4. 절복대행진

종교 단체 신도들이 자신들이 믿는 신앙의 내용을 대중에게 설명하고 신도가 되라고 권유하는 활동을 포교, 전도 또는 선교라고 한다. 국내에서는 불교 교단이 포교라는 용어를 썼고, 동학·천도교에서는 포덕(布德)이라는 용어를 사용한 바 있다. 그런데 한국에서는 전통적으로 이러한 용어들이 낯설다. 민간 신앙은 그냥 우리네 삶 속에 아득한 예부터 존재하던 믿음이 었지 의도적 전파의 대상이 아니었다. 외래 종교인 불교와 유교도 중국으로부터 받아들인 것이 틀림없지만, 그것은 어디까지나 지배층이 수용하면서 민중에게도 퍼진 종교였다.

한국에서는 역사적으로 조선 말기부터 들어온 가톨릭과 개신교가 전도와 선교라는 용어를 썼다. 특히 프랑스 신부, 미국과 캐나다의 목사 들이 들어와 기독교 신앙을 전파했기 때문에 선교사라고 하면 흰 피부에 파란 눈을 가진 서양인의 이미지가 먼저 떠오른다. 비슷한 시기에 등장한 신종교인 동학은 민중 사이에 퍼져나가면서 '포덕'이라는 용어를 사용했다. 사람들은 흔히 새로운 종교가 형성되면 당연히 선교가 시작되고 선교가 얼마나 활발한가에 따라서 그 종교의 성장·부흥이 결정된다고 생각한다. 그런 점에서 선교는 매우 중요한 개념이다. 서양에서 들어온 가톨릭과 개신교뿐만 아니라 동학, 천도교까지 전도·포덕이라는 개념을 쓰게 된 것을 보면, 특정 종교를 신도가 비신도에게 소개하고 믿게 만드는 행위가 역사적으로 그리 오래된 것이 아님을 알 수 있다.

---

2 ブライアン 외, 『タイムトウチャント: イギリス創價學會の社会学的考察』(紀伊国屋書店, 1997)의 付論 日蓮正宗創と創價學會の分裂, 1990~1991 참조.

일본에 불교가 전래된 후 불교의 포교는 기본적으로 권력에 의존했지만 니치렌, 호넨, 신란 등이 서로 다른 불교 사상을 제시하면서 대립과 갈등을 겪기도 하고, 각 교단이 포교를 위해 경쟁하기도 했다. 가톨릭 선교를 둘러싼 갈등도 있었던 점으로 보아 일본에서의 선교·포교의 개념은 한국보다 앞선 것이었다.

1945년 패전 이후 일본 사회에서 선교와 포교를 통해 가장 빠른 속도로 성장한 종교는 창가학회였다. 창가학회는 일본인의 사이에서 1950년대부터 1960년대까지 가난하거나 병들거나 현재의 삶에서 돌파구를 찾고 싶어 하던 사람들에게 강한 전파력을 갖고 파고들어 갔다. 창가학회는 엄청난 기세로 바람을 일으키며 성장했고, 도시 하층민을 중심으로 급속히 퍼져나 갔다.

창가학회는 선교 또는 포교 행위를 절복이라는 개념으로 설명한다. 절복은 일련정종의 핵심 교리를 대중에게 알려주고 신도가 되도록 유도하는 것이다. 창가학회는 회원 한 사람이 1년에 10명씩, 20명씩 절복시키는 경우도 있어서, 기존 불교 종단과 입정교성회를 비롯한 다른 신종교 교단들과 마찰을 빚기도 했고 사회적 비난도 거셌다. 창가학회 회원들은 자신들의 조직이 급성장하는 만큼 비판이 덮쳐올 것이라는 점을 알고 있었으며, 사회적 비난을 감수하면서 포교를 했다. 창가학회 지도부는 이러한 대대적인 포교 운동을 '절복대행진'이라 이름 붙였다. 절복대행진은 1948년 총회에서 도다 회장이 75만 세대 포교를 선언했던 때부터 1957년에 그가 세상을 떠난 시점까지의 10여 년 동안 정점을 이루었다.

이 시기에는 창가학회 회원들이 절복 활동을 할 때 쓸 별도의 경전이 없었고 절복교전(折伏敎典)만 있었다. 절복교전에는 일본 사회가 왜 창가학회를 받아들이고 근행(勤行)과 창제를 해야 하는지, 왜 다른 종교를 믿는 사람들까지도 절복해야 하는지에 대한 설명이 들어 있었다. 또한은 니치렌 대성인의 가르침을 알기 쉽게 풀어서 설명했으며, 창가학회의 역사도 담겨 있었다. 창가학회 회원들은 이 교전을 읽고 또 읽으면서 거의 외우다시피 했고, 이 가르침을 토대로 다른 사람들에게 포교, 즉 절복 활동을 했다. 절복은 종교를 갖고 있지 않은 이웃 사람, 특히 가난하거나 병들어 힘들어하는 사람들에게 신앙을 권유하는 것이었다.

하지만 이 수준에서 멈추지 않고 좀 더 적극적인 활동을 하는 사람들도 있었다. 그들은 타 종파의 집회에 참석해 질문을 던지고 교리 대결을 펼쳤다. 창가학회 제3대 회장 이케다의 저술 『인간혁명(人間革命)』에는 창가학회 청년 간부들이 타 종파와 법론 대결을 펼친 여러 사례가 소개되어 있다. 그 한 예가 청년부 간부들이 신도 계통의 신종교인 세이초노이에(生長の家)[3] 본부를 찾아가 '타종파절(他宗破折)' 활동을 편 것이다. 이 활동에 대해서 이케다는 "그 후 이 청년들은 새로운 동지들과 함께 약 2년간 활약했다. 그들은 어느 날 일련종 이케가미혼몬사(池上本門寺)로, 어느 날은 기독교회로, 그리고 어느 날은 염불(念佛)의 절로, 선종(禪宗)의 절로, 혹은 신흥종교의 본부로 활동하러 나갔다. 그들의 파사현정(破邪顯正)의 힘과 신념은 경이적으로 진보해갔던 것이다. 또한 이 종교 개혁의 선풍에 많은 종교 단체는 놀라고 당황하여, 혹은 방어에 혹은 반성으로 눈코 뜰 사이가 없었다"고 적고 있다.[4]

절복은 어렵거나 복잡한 방법을 사용하지 않았다. 회원들은 '일단 믿어 보라. 본존을 앞에 두고 남묘호렌게쿄를 봉창하라. 이것을 반복하는 과정

---

3 세이초노이에에 관한 상세한 설명은 다음을 참고할 것. 박승길, 「한국 속의 일본 신종교」, 김종서 외, 『현대 신종교의 이해』(한국정신문화연구원, 1996), 181~189쪽.
4 이케다 다이사쿠, 『인간혁명』, 제1권, 199쪽.

에서 새로운 삶이 전개되기 시작할 것이다. 병이 낫고, 가난을 벗어나고, 가정의 불화를 해소하면서 즐거운 삶을 살게 될 것이다. 창제를 시작하고 나면 병이 낫거나 가난을 벗어나거나, 가정불화가 해소되는 공덕을 받게 되며 그다음부터 믿음이 커져간다'고 알려주었다.

창가학회는 일련정종의 정통성을 지켜나가며 적극적인 절복 활동을 전개했다. 회원들은 절복시킨 사람은 일련정종 사찰로 데려갔고, 그곳에서 수여식을 열고 본존을 받게 했다.

5. 본존에 대한 의례, 근행과 창제

창가학회의 가장 기본적인 의례는 '근행'과 '창제'다. 근행은 매일 아침저녁으로 불단에 모셔놓은, 본존이라고 불리는 만다라를 향해 법화경의 방편품(方便品, 법화경의 제2품)과 여래수량품(如來壽量品, 법화경의 제16품)의 자아게(自我偈)를 읽고, '남묘호렌게쿄'라는 제목을 창(唱)하는 것이다. 본존은 니치렌이 그린 것과 그 뒤 제자들이 그린 것이 있는데, 법화경의 진리를 그림으로 표현한 것이다. 창가학회에서는 본존을 '우주의 근원적인 묘법인 나무묘법연화경을 깨달은 부처, 즉 니치렌 대성인의 생명을 나타내는 것'이라고 말한다. 그러므로 이 본존을 믿으며 독경하고 제목을 하면, 제목하는 이의 목소리와 본존 사이에 공명(共鳴)이 생겨 그의 생명과 법화경의 진리가 하나가 되고 생명력이 솟아나게 된다는 것이다. 마치 음악을 듣거나 그림을 볼 때 마음속에 감동의 세계가 넓어지는 것과 같다. 마찬가지로 근행은 본존과 깊게 인연을 맺음과 동시에, 행복의 원천인 가슴속 부처의 생명을 느끼는 수행이라고 한다.[5]

1964년 한국 정부가 창가학회 포교 금지령을 내렸을 때, 그 금지 사유

가운데 하나가 본존의 내용이었다. 거기에는 남묘호렌게쿄라고만 적혀 있는 것이 아니라, 아마테라스 오미카미(天照大神)와 하치만 보살(八幡菩薩) 등의 이름이 적혀 있다는 것이었다. 아마테라스 오미카미가 일본의 국조신(國祖神)으로 알려져 있고 그 이름이 등장하는 것으로 미루어볼 때, 창가학회가 일본의 국조신을 섬기는 종교라고 생각했던 것이다.

이에 필자가 만난 일본창가학회 간부들은 본존의 핵심은 한가운데 자리 잡고 있는 남묘호렌게쿄라는 글자이며, 그 글자보다 낮은 위치에 자리 잡은 아마테라스 오미카미와 하치만 보살 등은 제천선신(諸天善神)이라고 부르는 존재로, 법화경의 진리를 주위에서 보호하고 지키는 것뿐이라고 설명했다. 창가학회에서의 믿음의 대상은 본존의 가장 높은 자리에 쓰인 남묘호렌게쿄뿐이며, 그 밖의 신들은 결코 믿음의 대상이 아니라는 설명이다. 본존은 전통 불교에서 흔히 볼 수 있는 만다라의 일종이다. 니치렌은 진리를 대중에게 가르치던 초기에 모든 불상을 없애고 창제만 하도록 했다. 본존은 눈앞에 아무것도 두지 않고 창제하는 것을 어려워하는 대중을 위해 니치렌이 부처의 진리를 추구하는 데 도움이 되라고 그려준 대체 방편이었다.

창가학회 회원의 활동은 근행과 창제가 기본이다. 근행은 아침 5좌, 저녁 3좌로 구성된다. 여기에는 방편품 등을 소리 내서 읽는 것이 포함되어 있는데, 아무리 빨라도 5좌에 30분, 3좌에 20분이 걸린다. 따라서 창가학회 회원들은 하루에 아침저녁으로 적어도 1시간은 근행을 한다. 그리고 근행 이후에 제목을 봉창하는데, 이것은 3회만 하고 그칠 경우도 많지만 1시간 이상 하는 경우도 많다.

---

5 聖教新聞社 企劃部, 『新會員の友のために 1』(聖教新聞社, 2005), pp. 8~9.

근행은 원래 일반 신도가 아닌 승려가 하던 것이다. 승려들이 사찰의 여러 방을 돌아다니며 아침 예불에는 5곳에서, 저녁 예불에는 3곳에서 근행하던 전통 불교의 관행을 변형해 창가학회에서 일반 신도가 하도록 규칙으로 만든 것이다. 창제는 제목을 반복해서 암송하는 것이기 때문에 문자 독해를 비롯한 별도의 학습이 없이 누구나 할 수 있는 의례였던 반면, 근행은 일반 신도들이 하기 어려웠다. 글을 읽지 못하면 법화경을 구송하는 것이 거의 불가능했기 때문이다. 물론 암송해서 할 수는 있지만 그것은 지적 수준이 어느 정도 되어야 가능한 일이었다. 그러니 일반 신도는 승려들이 근행할 때 동석해서 지켜보기만 하다가 나중에 제목을 봉창할 때 따라했을 것이다. 일반 신도는 대부분 독해 능력이 없었기 때문에 제목을 봉창하는 것 말고는 할 수 있는 일이 없었다. 즉, 의례를 진행하려면 승려에게 전적으로 의지할 수밖에 없었다.

하지만 근대사회에서는 이러한 일반 신도의 교육 수준이 획기적으로 바뀌었다. 바로 대중교육(mass education)이 이루어진 것이다. 메이지유신 이후 체계를 갖춘 일본의 초·중등교육은 일본 사회의 시민들이 경전을 읽고 이해할 수 있는 능력을 길러주었다. 창가학회 회원들이 근행할 때 가지고 다니는 작은 책자에는 한자 옆에 히라가나(平假名)가 명기되어 있다. 신도들은 히라가나를 따라 읽었으며, 반복해서 근행을 한 신도들은 보지 않고 암송하는 것이 가능해졌다. 그래서 합동 근행 등을 통해 경전을 읽는 일정한 리듬이 생겼다.

근행과 창제는 각 개인에게 부여된 의례이고, 이를 지속적으로 수행할 것인지 아닌지는 전적으로 개인에게 달린 문제다. 마음속에 간절한 목표가 있는 사람은 그 목표를 마음에 새기면서 남묘호렌게쿄를 반복해서 암송한다. 근행과 창제는 타인이 아닌 만다라 본존을 만나는 일이고, 남묘호렌게쿄를 반복해 소리 내는 동안 일정한 리듬을 타면서 점차 집중도가 높아진다. 그에 따라 우주만물의 원리, 생명력이라 부르는 '궁극적인 관심(ultimate concern)'과 만나게 되는 것이다. 이러한 고도의 집중 속에서 우주의 생명력을 체험하는 것은 인간의 능력을 한 단계 높여주는 작용을 하는 일이 틀림없다.

제 4 장

입신과 절복

한국 사람들이 창가학회 회원이 된 재일한국인들에게 가장 궁금한 것은 '왜, 어떤 연유로 창가학회 회원이 되었는가'일 것이다. 창가학회에서는 신앙심을 가지고 회원이 되는 일을 '입신(入信)'이라고 한다. 이번 장에서는 재일한국인들이 창가학회에 입신하게 된 과정과 그 이유를 살펴볼 것이다. 교리 내용이 그들을 끌어당겼을까, 아니면 타국에서 경제적으로 성공하고 싶은 마음이 컸기 때문일까, 그도 아니면 기존 창가학회 회원들의 인간적인 보살핌이 그들을 붙잡았던 것일까. 어느 시기, 어떤 계기로 창가학회 회원이 되었고, 그들의 삶에 창가학회가 어떤 의미인지 구술자들의 이야기를 통해 들여다보고자 한다.

1. 입신, 살기 위하여

구술자 중에 재일한국인 2, 3세는 대부분 부모로부터 창가학회 신앙을 물려받았는데, 그들의 부모인 재일한국인 1세들이 창가학회에 입회했던 시기는 창가학회가 급성장하던 1950~1960년대로 그 기간이 일치한다. 당시 재일한국인들은 변변한 직업이 없었고 가난했으며, 결핵에 걸린 이가 많았다. 어려움에 처한 사람이 병까지 걸리면 그 사람 또는 그 가족의 생계는 막막해지기 마련이다. 그럴 때 종교적 구원이 손을 내민 것이다.

창가학회는 아픈 이에게는 병이 낫는다고 했고, 가난한 이에게는 부자가 된다고 했다. 남묘호렌게교라는 주문을 반복해서 암송하기만 하면, 그리고 다른 사람에게 진리를 전달하는 절복과 광선유포를 잘하기만 하면 행복 제조기인 본존, 즉 부처가 모든 문제를 해결해준다고 주장했다. 창가학회는 나중에 혹은 먼 미래에, 죽은 다음에 행복해진다는 말을 하지 않았다. 지금 이곳에서 현세이익(現世利益)을 얻는다고 가르쳤다. 게다가 신앙을 실천하면 곧 그 증거를 볼 수 있다고 했다. 말하자면 창가학회에 입회하는 즉시 병이 낫고, 돈이 생기고, 가족이 화목해진다는 것이었다. 그래서 가난하고 병으로 고생하던 재일한국인들은 지푸라기를 잡는 심정으로 입신했다.

1956년. 제가 여덟 살, 소학교 2학년 때입니다. 어머니가 자궁암에 걸리셨어요. 의사가 일주일도 살지 못한다고 진단을 내렸기 때문에 어머니는 힘들어하셨습니다. 같은 마을에 아라이 상이라는 한국인이 살고 있었는데, 신심을 하고 있었습니다. 부인은 일본인이었고요. 그분이 데려가서 저희 아버지가 먼저 입신하시고 어머니도 따라서 입신하셨는데 그 후에 병이 나았어요. 대수술을 해서 자궁암이 나았어요. 그래서 저도 함께 (창가학회에) 들어왔습니다. 〈도쿄 03〉

〈도쿄 03〉의 가족은 어머니가 암에 걸렸을 때 이웃에 살던 재일한국인 신도가 권유해서 모두 창가학회에 입회했다.

〈오사카 01〉은 초등학교 교사를 하다가 공산당 당원이 되었고, 여러 가지 활동을 하다가 붙잡혀 감옥에 들어갔는데 그곳에서 결핵에 걸렸다. 상태가 위중해 병원으로 옮겨졌을 때 친구가 와서 "제목을 불러라, 그러면 낫는다. 만약 하루 3시간씩 제목을 부르다가 공덕을 받지 못하고 죽으면 네 아이가 어른이 될 때까지 내가 돌보아 주마" 하고 장담을 했다. 그는 밑져야 본전이라는 심정에 제목을 시작했다. 머리맡에 본존을 두고 계속 제목을 외웠는데 6개월 만에 병이 나았다. 효험을 본 그는 같은 병실에 있던 환자 세 명에게 절복도 했다. 이보다 절박했던 경우는 〈도쿄 04〉의 가족이었다. 그의 가족에게는 가난과 병마가 겹쳐 있었다.

제 아버지와 어머니는 쇼와 35년(1960년)에 창가학회에 입회했습니다. 할머니도 같이 가입했어요. 아버지는 열여섯에 제주도에서 혼자 일본으로 건너오셨습니다. 어머니는 고베 산노미야(三宮)에서 태어나셨고요. 제가 장녀인데 동생이 다섯, 저희 형제가 전부 여섯 명이에요. 부모님이 열심히 일을 하셔도 일본이 전쟁 직후여서 어려웠지요. 게다가 아버지도 결핵, 저도 아래 동생들도 어린이 결핵이었어요. 병원에 가도 낫지 않으니까. 또 넷째 동생이 태어났지만 우유를 전부 토하고 전혀 마실 수가 없었어요. 그래서 죽을 거라 생각했어요.

그때 아버지께서 창가학회 신자인 작은 숙모에게서 절복을 받았습니다. 제 아버지는 성격이 대나무처럼 곧은 사람, 확실한 사람이라서 창가학회 사람으로부터 절복을 받을 때 '100만 엔을 가져와도 창가학회 신자는 하지 않겠다'고 했어요. 그래도 생활이 나아지지 않고, 몸도 아프고 가족이 죽을 지경인 거예요. 그러자 어머니가 아버지께 다른 신앙은 다 해봤으니까 이제는 창가학회밖에 할 수 있는 게 없다고, 창가학회를 해보고 나서 안 되면 그때 함께 죽어도 된다고 설득하셨대요. 어머니가 '창가학회에 입신해서 100만 번 기도하면서 소원을 빌면 어떤 것도 된다'고 설득하셨어요. 아버지께서 "그럼 같이 믿을까" 해서 그다음부터 3시간, 어떤 날은 5시간씩 매일매일 제목을 올렸어요. 아버지도 어머니도, 저희 형제도 학교에서 돌아오면 다 같이 제목을 올렸어요. 100만 번.

제목을 하면 다 좋아지죠. 제 아버지도 100만 번 제목해서 결핵이 나았어요. 석 달 후에 병원에 가서 병이 나아진 것을 알았어요. 나아지니까, 아버지도 어머니도 이 종교는 굉장하다고 하셨어요. 그래서 이번에는 가게를 하고 싶다고 기원했어요. 그 뒤 작은 어묵 가게이지만 일을 할 수 있게 되었어요. 어묵 가게 한 지 4~5년 후라고 생각되는데요, 이번에는 중화 요릿집, 라면 가

게를 하게 되었어요. 그리고 나중에는 야키니쿠(燒き肉, 일본식 불고기) 가게를 하게 되었는데 점점 생활이 나아졌어요. 〈도쿄 04〉

〈도쿄 04〉의 가족이 창가학회에 입신하게 된 것은 경제적 궁핍과 결핵에 시달리는 등 가난과 병고가 겹쳐서 더 이상 버티기 어려운 상황에 몰렸기 때문이다. 당시 그의 가족은 일본에서 효험이 있다는 민간 신앙에도 열심이었다. 그러나 창가학회에 입회하는 것만은 거절하고 있었다. 〈도쿄 04〉의 아버지가 '아무리 돈을 갖다주고 믿으라 해도 믿지 않겠다'고 할 정도로 창가학회를 강하게 거부했던 것은 당시 창가학회에 대한 재일한국인들의 시각이 매우 부정적이었음을 말해준다. 그의 가족은 다른 구원의 방법을 더 이상 찾을 수가 없다고 생각되었을 때, 마지막 수단으로 창가학회 신앙을 선택한 것이다. 하지만 창가학회 신앙을 받아들인 후로는 적극적으로 창제에 매달렸고, 몇 달 동안 매일 창제를 하는 과정 중 가족 모두 병이 나았으며 그 후 장사도 번창해 가난에서도 벗어났다.

〈도쿄 04〉의 사례는 재일한국인만이 아닌, 창가학회의 열성적인 신도가 된 일본인의 전형적인 이야기이다. 실제 〈도쿄 04〉의 아버지는 1970년대에 창가학회 한국 포교에 적극적으로 나섰던 인물이다. 그는 제주도 출신으로 고향 친척과 친구들을 만나 절복하고, 창가학회 회관을 마련하기 위해 재정적으로 지원해 1975년 제주도 창가학회 조직 결성에 결정적인 역할을 했다.

종전 직후 한반도로 귀환하지 못한 재일한국인들은 60만 명이 넘었다. 이들 중 절반이 실업 상태에 있었고, 취업을 했다 하더라도 어려운 환경 속에서 힘겹게 생활하고 있었다. 또한 많은 일본인이 '조센진'이라고 부르며 이들을 차별했다. 이는 일본 제국주의 시기에 식민지였던 조선과 타이완의

백성을 차별하던 문화가 이어진 것이었다. 차별은 경제적 궁핍으로 이어졌고, 가난한 사람은 또다시 사회 주변으로 물러났다.

〈도쿄 16〉의 이야기에서는 식민지 시대 재일조선인의 모습을 볼 수 있다. 그는 나고야(名古屋)의 오카자키(岡崎) 시 도요타 공장 부근의 창가학회를 방문했다가 재일한국인들의 입회 동기를 들었다.

일제시대 때 강제 연행당한 조선인들이 그 산에서 공사하다가 많이 죽었다고 해요. 댐 공사가 끝난 후에는 공사하러 왔던 조선인들이 한국으로 돌아가지 못하니까 시내로 살러 내려왔대요. 그렇지만 마땅히 갈 데가 없어서 강가에 임시 집을 만들어서 살고 있었다고 해요. 그분들이 소학교에 다닐 때 일본 친구들이 자기들을 보고 저 애는 조센진이니 사귀지 말라고 따돌림을 했다고 해요. 조센진 집은 무서우니까 거길 돌아서 가라고 했다는 이야기랑 옛날에 차별받은 이야길 해요. 그런 강가에서 집도 아닌 집에서 살고 있을 때 처음으로 찾아온 사람들이 창가학회 회원이었다고, 일본 사람들이 차별하는 재일조선인들을 창가학회 회원들이 찾아갔던 거예요. 그런 일본 사람이라면 믿을 수 있어서 자신들이 창가학회에 입신했다고 하더군요.

그런 이야기를 곳곳에 갈 때마다 들었어요. 회합에 갈 때마다 강연회 끝나고 난 후에 그런 이야기를 들었어요. 그런 분들을 만나게 된 것도 제가 창가학회에 입신했던 덕분이지요. 〈도쿄 16〉

〈오사카 03〉의 할머니도 창가학회 회원들의 따뜻한 태도에 호감을 갖게 되었고, 그들이 권유하는 신앙을 받아들이게 되었다.

창가학회는 조부모님 때부터 했어요. 외할머니가 입회한 이유를 여러 번

들었어요. 외할머니가 열여덟 살에 일본에 건너오셨는데, 첫 번째 결혼한 사람은 죽어버리고, 두 번째 남자는 일을 안 하는 사람이었는데 또 죽었고, 여자 혼자 아이 네 명을 키우지 않으면 안 되었다고 해요. 여자인데 일본말도 잘 안 되고 해서 아이들을 키우기 위해서 동네에서 고물을 주워서 팔고 남이 입던 옷을 받아서 팔고, 구즈야로 그렇게 살면서 아주 힘든 생활을 하셨어요. 신발을 주우면 그걸 돈으로 바꾸고 그렇게 해서 겨우겨우 밥을 먹었대요.

동네에 리어카를 끌고 다니면서 "필요 없는 옷 없어요?" 하고 버린 물건들을 모아서 팔면서 살았다고 해요. 그때 저희 어머니도 어렸으니까 그 리어카에다가 싣고 일을 하러 다녔대요. 어머니는 아기였으니까 리어카에서 나와서 혼자 여기저기로 가버리고는 했대요. 가지 말라고 해도 할머니가 물건 주우러 갔을 때 혼자서 리어카에서 내려서 남의 집에 들어가 버리곤 했는데, 하루는 아기 혼자서 또 어떤 집에 들어가 버렸대요. 할머니는 그 집에 어머니를 찾으러 가서 "저희 아이가 들어가서 죄송해요" 했는데 그 집의 주인이 창가학회 사람이었어요. 그 집 사람이 친절한 사람이어서 할머니에게 헌 옷이 있으니 가져가라고 했대요. 그 사람이 할머니에게 "이 생활을 바꿀 수 있어요. 제목을 하세요!"라고 신심을 알려주었어요. 그래서 할머니도 그 인연으로 신심을 하기 시작했어요. 제목을 해보라고 가르쳐주어서 할머니가 시작했어요.
〈오사카 03〉

1950~1960년대에 창가학회에 입신한 재일한국인 중에는 남성보다 여성이 더 많았다. 가족 중 가장이 창가학회에 입회하지 않을 때 여성의 입신에 완강하게 반대하는 경우와 묵인하는 경우로 나눌 수 있는데, 완강하게 반대하는 경우에는 본존을 집에 갖고 있는 것부터가 어려웠다.

어머니는 결혼한 뒤에 절복이 되었는데, 본존을 시골에서 받은 후 아버지에게는 비밀로 하고 오사카에 가져가서 아주 곤란하셨던 것 같아요. 안치도 할 수 없어서 서랍 안에 (넣어) 잠가두고, 손잡고 마음속으로 기도를 하셨던 것 같아요. 〈오사카 08〉

〈도쿄 14〉의 경우 1955년경 어머니가 먼저 창가학회에 입신했는데, 어머니의 입신 동기는 이웃의 창가학회 신도가 행복하게 사는 것을 보고 부러워했기 때문이라고 했다. 그런데 〈도쿄 14〉의 아버지는 일본 종교라며 반대했고, 어머니는 아버지 몰래 좌담회에 갔다.

어머니는 좌담회에 갈 때 목욕탕에 간다고 거짓말을 하면서 가셨어요. 집에서는 불단을 몰래 숨겨놓고 근행을 하셨고요. 아버지는 5년이 지나 1960년대에 제가 중학생이 되었을 때 비로소 신자가 되셨고, 결국 가족 모두가 입신하게 되었습니다. 〈도쿄 14〉

〈오사카 08〉 부부도 양가 모두 어머니가 먼저 입신했고, 아버지의 반대로 어머니가 어렵게 신앙생활을 하다가 나중에 아버지가 입회하는 똑같은 과정을 겪었다. 필자가 면담한 사람 중에는 남편이나 아버지가 입신을 반대한 경우가 있었지만 그것 때문에 이혼한 사례는 없었다.

〈고베 08〉의 입신 동기는 돈을 버는 것이었다. 돈을 벌어 부자가 되고 싶다는 꿈은 무척 단순하고 소박한 것이다. 그래서 열심히 신앙생활을 했고 창가학회에서 상당히 높은 직역을 맡아 일하게 되었는데, 그러다 보니 서서히 자신만을 위한 신앙생활에서 벗어나 이웃과 사회를 생각하는 방향으로 변화해갔다고 했다.

저는 돈도 벌고 싶어서 들어왔어요. 그래서 쭉 하게 되었고 이제 소원도 성취되고 작은 꿈들이 이루어졌어요. 그러던 중에 점점 '돈이 최고다' 하는 생각은 없어졌어요. 10년 전에 본심은 제 자신이 우선이었어요. 지진 이후 여러 활동을 하면서 자신을 위해서 빌던 것이 남을 위해서 기원을 하게 되었어요. 이렇게 하는 것은 정말 생각도 못했던 것이었어요. 주변 사람들이 중요하게 여겨지고 있어요. 그걸 생각하면 제가 커졌다는 느낌이에요. 〈고베 07〉

창가학회에 입신한 재일한국인들은 대부분 가난과 병에서 벗어나기 위해 신앙생활을 시작했다. 재일한국인 대개는 일본 도시 지역 변두리에 거주하는 하층민이었고, 공무원·교사 등 사회적 지위와 급료가 높은 직장을 갖는 것이 불가능했기 때문에 매우 어려운 생활을 할 수밖에 없었다. 또한 식민지 조선 출신이라는 사회적 차별을 받았다. 그런 점에서 가난과 질병에서 벗어나 사회적으로 인정을 받고 싶은 욕구는 일본 사회의 다른 어떤 계층보다도 훨씬 강했다. 그러한 그들은 일본 사회에 불고 있던 새로운 바람인 창가학회의 절복대행진을 만나자, 이에 동조·참여하거나 이를 부정·거부하는 두 가지 반응을 보였다.

그중에서도 대부분의 재일한국인은 창가학회에 대해 부정적이었다. 이 태도에는 두 가지 이유가 맞물려 있는데, 하나는 한국인으로서 일본인의 종교를 받아들이지 않으려는 막연한 거부감이었고, 다른 하나는 일본 사회 내에서 주류 언론과 권력 기구가 보여주던 창가학회에 대한 부정적인 태도의 영향을 받은 것이었다. 이로 인해 대부분의 재일한국인 남성, 즉 가장들은 창가학회를 거부하는 태도를 보였다. 그러나 이 같은 태도는 고정불변의 것이 아니었다. 가난과 병고로 막다른 골목에 부딪쳤을 때 창가학회를 선택하거나, 아내나 자식의 창가학회 신앙생활을 반대하다가 뒤따라 입회하는 남성이 많았던 것이다.

2. 재일한국인의 절복 실천

창가학회의 절복, 즉 포교 방식은 일반적으로 대형 집회를 열고 그곳에 사람을 초대하는 방식이 아니다. 창가학회의 절복은 바로 옆에 사는 이웃들에게 믿음을 권유하는 방식이 가장 흔하다. 그중에서도 특히 병 때문에 고통 받거나 금전 문제로 가족 불화를 겪는 사람에게 권한다. 창가학회 회원들이 같은 마을에 사는 이웃 또는 친척으로부터 창가학회에 대한 이야기를 듣고 신앙을 받아들이게 되었다는 점은 주목할 만한 점이다.

필자가 만난 구술자 중 가장 이른 시기에 입신한 사람은 1956년에 회원이 되었고, 1957년에 입회한 사람도 있었다. 1960년에 입회한 사람은 여러 명이었다. 그런데 구술자 중 타인에게 창가학회를 직접 권유 받은 경우는 두 명뿐이었고, 그 외는 현재 50~60대로 어려서 부모를 따라 입신한 경우였다. 그들을 통해 창가학회 초기 절복과 입신 과정을 조금이나마 들여다볼 수 있었다.

재일한국인들이 한국에서 일본으로 건너가 정착할 때는 인적 연결망이 크게 작용한다. 이 인적 연결망은 지연과 혈연이라는 두 가지 틀에 따라 작동하는데, 하나는 머나먼 타향에서 서로 도우며 살고자 하는 이웃 사이에서 만들어지고, 다른 하나는 가족 관계에서 만들어진다. 이 두 가지가 서로 얽히면서 인적 연결망이 형성된다. 1차적으로는 혈연관계가 가장 긴밀하게 작동하지만 조금 더 지나면 같은 지역 출신끼리의 유대관계가 돈독해진다.

그들은 어디까지나 한국 문화 속에서 성장하고 생활하던 한국인이었다.

그런데도 그들은 어떤 이유에서 일본 신종교인 창가학회에 입신했을까? 1950~1960년대 재일한국인의 조직으로는 총련과 민단이 있었지만, 이 시기의 민단은 총련에 비해 조직력이나 활동력이 크게 약했다. 따라서 교민들의 권익을 보호하는 활동을 거의 하지 못하고 있었다. 말하자면 당시 총련이 아닌 민단 소속 재일한국인들은 어떠한 보호도 받을 수 없었다. 민단 소속 재일한국인들은 차별적인 구조의 일본 사회에서 가장 힘이 없는 마이너리티였던 것이다.

그런데 문제는 그들에게 구원의 손을 뻗었던 창가학회 역시 사회적으로 비난 받는 존재였고, 또 다른 의미에서 일본 사회의 마이너리티였다. 그러한 의미에서 본다면, 당시 창가학회에 들어간 재일한국인은 민족적 차별과 종교적 차별이라는 이중 차별에 놓여 있었던 셈이다. 게다가 재일한국인의 민족의식, 민족 정체성을 강조하며 결속을 다져줄 조직으로서의 민단은 그들을 보호하거나 울타리 역할을 하지 못했다. 그들은 조국에서도 마이너리티 신세였던 것이다.

반면 남묘호렌게쿄라는 주문을 암송하면 가난에서 벗어나고, 병도 고치고, 가족의 행복을 찾을 수 있다는 창가학회의 단순한 교리는 훨씬 강한 호소력을 발휘했다. 그들에게는 현재의 복지가 민족 정체성보다 훨씬 중요하고 긴박한 것이었다. 정치보다는 종교가 현재의 암울한 삶으로부터 그들 자신을 구원해주었기 때문이다. 또한 사회적으로 비난을 받는 종교이기는 해도 일단 창가학회 신도가 되면 조직 내에서는 민족적 차별을 느끼지 못했고, 오히려 자신의 어려움을 이해해주고 위로해주는 사람들을 만날 수 있었다.

절복이란 단순히 교리를 전파하는 데 그치지 않고, 다른 종교를 믿는 사람들의 믿음을 깨뜨리고 나아가 창가학회의 교리를 믿게 만드는 적극적인 포교 방식을 말한다. 창가학회는 절복을 많이 할수록, 즉 포교를 통해 많은 사람을 구원하면 할수록 자신에게 복이 더 많이 돌아온다고 가르친다. 이 때문에 재일한국인 1세들은 1960년대 초부터 한국을 오가며 친척과 고향 사람, 그리고 친구 들에게 적극적으로 창가학회를 전파했다. 반일 감정이 강했던 당시 한국 사회에서 이러한 장벽을 뚫고 창가학회를 전파한 재일한 국인은 바로 이러한 강력한 종교적 정체성의 소유자들이었다.

창가학회 신도들은 본존을 받아 근행과 창제를 하면서 가난과 병고 등 자신이 안고 있던 어려움을 이겨내고 스스로 행복해졌다고 믿게 되면, 다음 단계로 자신의 이웃을 향해 절복을 시작한다. 일본 사회에서 재일한국 인의 1차 절복 대상은 당연히 같은 재일한국인이었다. 재일한국인들은 오 사카·고베·도쿄 지역에서 코리아타운을 형성하며 모여 살기도 하고, 친 척들 간에 자주 왕래하면서 지냈다. 낯선 땅인 일본에서 살아가려면 친척 또는 같은 고향 사람들끼리의 왕래와 상호부조는 필수적이었다. 그러니 창 가학회 포교 역시 이러한 범위 내에서 이루어진 것이 당연했다. 좁게는 가 족, 친척, 그리고 나아가 이웃이 대상이었다. 그들은 이웃과 대화를 나누다 가 그들의 어려운 사정을 듣게 되면 창가학회 신도가 되라고 권유했다. 따 라서 재일한국인 신도가 어느 정도 증가한 다음부터, 재일한국인 사회의 절복은 대부분 이들에게 맡겨지게 마련이었다. 재일한국인 신도들의 다음 절복 대상은 고향에 두고 온 친척과 친구, 마을 사람이었다.

입신 후 근행과 제목을 하는 생활이 익숙해지고 시간이 흐르면 회원들 은 각자 나서서 주위 사람들을 상대로 절복을 하기 시작한다. 이때 절복의 대상이 되는 우선순위는 가족이다. 1950~1960년대에 입신한 사람들의 경우 대부분 적극적으로 절복 활동을 했다. 이는 절복 활동이 다른 사람들 에게 행복해지는 길을 알려주는 일이고, 자신의 공덕을 쌓는 일이라고 굳게 믿기 때문에 가능한 것이었다. 가족의 완강한 반대를 무릅쓰고 창가학회에 입신한 경우에는 혈연관계가 아닌 지연이나 학연 중심으로 절복을 시작한다.

여기서 한 가지 주목할 것은 주변 환경이 개인의 종교 선택에 미치는 영향에 관한 것이다. 창가학회를 듣지도 보지도 못한 사람이 창가학회 회원이 될 가능성은 없다. 하지만 가족·친척 또는 친구가 창가학회에 입회했고, 그의 신앙생활, 특히 근행과 창제하는 것을 지켜본 경험이 있거나 권유를 받아 좌담회에 참석해본 적이 있는 사람의 경우 회원으로 입회할 가능성이 높아진다. 필자가 면담한 창가학회 회원 대부분은 재일한국인 2세로, 부모로부터 신앙을 물려받은 경우가 대다수였다. 이들 중에는 태어났을 때부터 부모를 따라 창가학회 회원이 되어 별 고민 없이 신앙생활을 이어온 경우도 있지만, 반대로 성장기에 혼란을 경험하고 일시적으로 신앙을 포기한 경우도 종종 있었다. 그러나 이들은 대개 나이가 들면서 어려움에 부딪치게 되었을 때 다시 창가학회 신앙생활을 시작했다.

그 예로 〈도쿄 09〉는 어릴 때 어머니를 따라 좌담회에도 참석하고 미래부(창가학회 내에 어린이, 청소년을 위해 만든 조직) 집회도 다녔지만 별다른 감흥을 느끼지 못하다가 뒤늦게 스무 살쯤 되어 자각한 경우다. 〈도쿄 11〉, 〈고베 06〉도 부모가 창가학회에 입회했지만 그 자신은 어릴 때 이를 거부하며 모임에 나가지 않다가 대학에 들어간 후 삶에 대한 고민을 하면서 다시 활동을 한 경우다. 〈오사카 11〉 역시 아버지가 청년부 대장까지 하던 열성 신도였지만 정작 자신은 어린 시절 창가학회 신앙에 관심을 두지 않았고, 대학 시절 친구의 고민을 해결해주고 싶어 노력하던 과정에서 잊고 있던 창제와 근행을 떠올리고 창가학회 신앙생활로 돌아왔다고 했다. 반면 〈도쿄 16〉은 다섯 살 때인 1960년에 어머니가 오사카에서 입신했지만 오래하지 못하고 그만두었는데, 정작 세월이 흐른 후 자신이 도쿄에서 대학생이 되었을 때 창가대학 학생으로부터 절복을 받아 신도가 되었다.

어린 시절 부모가 창가학회 신도가 된 사람들은 집에 불단이 있는 것이 자연스러우며, 아침저녁으로 부모가 근행과 창제를 하는 것을 지켜보게 되고 그 옆에서 따라 하기도 한다. 또한 이웃집에서 열리는 좌담회에 참석하고, 가끔은 자신의 집에서 열리는 좌담회에서 노래를 부르거나 미래부 집회에 참석하기도 한다.

신심 말이지요? 소학교 때는 소년소녀부가 있었어요. 회관에 가면 과자를 주기 때문에 저는 사실 과자 때문에 회관에 갈 때가 많았어요. 불법을 이해하거나 신앙이 훌륭해서 간 건 아니었어요. 그러다가 중학생이 되어서는 하기 싫어졌어요. 왜 그런가 하면 일방적으로 이거다 저거다 하면서 가르치고 있어서 흥미가 떨어져 버렸어요. 학회 활동에 참가해서 어른들이 제공해주는 것을 받기만 하는 쪽이어서 재미없었는데, 그때 여자부의 선배 언니가 저를 보고 힘든 건 없냐고 말을 붙여주고 제게 하나하나 신경을 써줘서 그 선배 언니를 좋아하다 보니까 여러 가지 활동을 권유해줘서 다시 관심을 갖게 되었어요. 〈오사카 03〉

미래부 간부들이 어린이들에게 창가학회의 가르침을 알기 쉽게 전달하려고 노력한다 해도, 그들의 교육이 어린이 입장에서는 일방적인 것으로 여겨질 가능성이 높다. 그런데 이 같은 상황에서 재일한국인 2세들을 붙잡아 둔 것은 종교적 가르침보다도 인간관계였다. 친밀한 느낌을 주는 손윗사람과의 교류가 훨씬 더 중요하게 작용한 것이다. 그러다 입시공부나 학창생활로 신앙생활을 중단하기도 하는데, 그렇더라도 시간이 흐르고 사회

생활에서 어려움에 처하면 근행과 창제를 떠올리며 다시 창가학회 신도가 되고 의례에 적극 참여하는 경우가 많다.

재일한국인 2세의 가장 큰 특징은 1세에 비해서 절복한 사람의 수가 크게 줄어들었다는 것이다. 사회적 비난이 거세지고, 특히 타 교단이 절복을 공격적으로 비판하자, 이케다 회장은 1970년에 절복을 자제하겠다고 공식 발표한 적도 있다.[1] 그러나 필자가 조사를 하면서 만나본 사람들의 이야기를 종합해보면, 그들 중 실제로 공격적인 절복을 한 사람은 찾아보기 어려웠고, 재일한국인 2세의 경우 절복 활동이 크게 줄어들었다. 입신한 지 20년이 넘는 회원 중 그동안 절복한 수가 5명 이상인 경우는 드물었다. 사회 환경이 바뀌면서 많은 수의 사람을 절복하기 힘들게 되었다는 뜻이다.

그리고 절복된 사람들의 입신 동기도 예전처럼 가난과 질병이 중심이 아니다. 그보다는 가정불화나 정신적 고독감을 해소하기 위해서 회원이 되는 경우가 더 많다. 교단 역시 과거처럼 절복을 강조하기보다는 재교육, 평생교육 등을 통해 기존 회원들의 신앙을 유지하는 데 더욱 신경을 쓰고 있다. 그 예를 젊은 신도들과의 면담에서 일부 확인할 수 있었다.

필자가 만난 구술자 중 대학생 2명은 모두 조부모가 창가학회 신앙을 시작했고, 부모를 거쳐 자신에게 신앙이 계승된 경우였다. 조부모와 부모가 살아온 시대와 비교하면 그들은 어린 시절을 비교적 유복하게 보냈고 가정생활에서도 별 문제가 없었다. 따라서 그들의 종교적 열망이 점차 약화되지 않을까 하는 궁금증에 생활 속에서 종교 의례를 얼마나 실천하고 있는지 자세하게 물어보았다. 이에 〈오사카 03〉은 매일 1시간씩 근행을 계속

---

1 「創價學會」, 『社会科学総合辭典』(新日本出版社, 1992), p. 382.

해오고 있다고 했다. 그녀는 매일 근행을 하며 제목을 봉창하는데, 짧게는 30분, 길게는 1시간을 훌쩍 넘긴다. 이처럼 개인 차원의 의례를 매일 같은 시간에 하도록 하는 종교는 많지 않다. 종교 의례에 그 같은 시간을 할애하는 것은 사제직에게 요구되는 전문적인 수준이라고 할 수 있다. 제3자의 입장에서는 종교 의례를 수행하는 데 지나치게 많은 시간을 쏟아붓는 것이 아니냐고 할 수 있을 정도다. 그러나 〈오사카 03〉은 변호사 시험을 준비하고 있으면서도 종교 의례에 매일 시간을 쓰는 것에 대해 초조해하지 않았다. 오히려 매일같이 근행을 하는 것이 공부에 집중하는 데 훨씬 더 도움이 된다고 했다.

〈오사카 10〉 역시 중·고등학교 시절을 거쳐 대학에서도 신앙생활을 충실하게 하고 있는 경우였다. 그는 이케다 회장이 저술한 책에서 강한 영향을 받았으며, 신앙의 자세를 확립할 수 있었다고 말한다. 그는 또래의 대학생 신도들의 모임을 이끌고 있으며, 이러한 활동을 통해서 자신이 크게 성장하고 있다고 믿었다.

3. 1980년대 이후 절복의 변화

창가학회 회원들이 절복 활동을 시작한 초기, 즉 1950~1960년대에는 짧은 시간 안에 많은 사람에게 절복을 하고 성공할 수 있었다. 그러나 점차 속도가 느려졌다. 점차 절복 대상을 찾는 것이 어려워졌기 때문일 수도 있고, 창가학회를 비판하고 부정적으로 보도하는 언론 때문에 나쁜 이미지가 사회에 널리 퍼지면서 창가학회 회원이 접근하는 것 자체를 싫어하고 피하는 사람들이 많아졌기 때문일 수도 있다. 그리고 타 종파, 반(反)창가학회 캠페인이 진행되면서 창가학회가 다른 종파를 파괴하려 한다는 소문이 널리 퍼지기도 했다. 물론 이것은 경쟁 관계에 있던 신종교 교단들에 의해서 퍼진 것이었다. 이러한 소문이 퍼진 것은 그만큼 창가학회가 빠른 속도로 성장하면서 실제로 기존 교단 신도들도 하나둘 창가학회로 옮긴 사례가 나타났기 때문이었다. 그만큼 창가학회가 펼친 절복대행진의 기세는 무서웠다.

『인간혁명』에는 절복대행진이 한창이던 1950년대에 한 해 동안 몇 십 명씩 절복한 이야기가 많이 나온다. 또한 그런 이들의 절복 체험담이 줄을 이었다. 그 후 60여 년이 흘렀다. 빠른 속도로 신도가 늘어나며 엄청나게 창가학회가 성장하던 1950~1960년대와 비교할 때 오늘날 창가학회의 절복 활동은 어떤가. 물론 회원에 따라 다르다. 〈도쿄 01〉처럼 여전히 열정을 가지고 절복을 하는 사람도 있다. 그녀는 식당을 여러 개 소유하고 있는데, 3년 전 아들이 경영을 대신 맡아 하면서부터 전보다 더 열심히 절복을 한다고 했다. 그녀는 사업에 성공한 사람이기 때문에 도움을 받으러 찾아오는 사람이 많다. 그녀는 그들의 사정을 들어주고 조언을 하고 도움도 주다가 절복을 한다고 한다.

사람들이 어쨌든 의논을 많이 부탁해요. 인생 상담요. 그러면 "그렇군요, 그렇군요" 하고 이야기를 전부 들어줍니다. 그리고 나중에 "남묘호렌게쿄 하세요!" 하면 대부분 "아아, 안 돼요! 창가학회는 싫어요" 그럽니다. 그러면 "5분만 매일 남묘호렌게쿄 해보세요. 한 달만 그렇게 해보고 변화가 되나 안 되나 보세요"라고 말해줍니다. 그러면 꼭 다시 와요. 오면 그때 절복합니다. 꼭 이것만 믿어라, 믿어라 하는 거 없어요. 고민이 있어서 상담을 부탁하면 제가 할 수 있는 것, 가까운 것부터 해주고, 그리고 최후에는 "남묘호렌게쿄 해보세요. 해보면 반드시 됩니다" 하고 알려줘요. 제가 (절복한 사람이) 한 60명 정도 되어요. 올해 5명, 그런데 모두 잘되었어요. 60명 중에 한국인은 반 정도, 저는 일본 사람도 많이 접촉합니다. 〈도쿄 01〉

하지만 이 같은 경우는 요즘 그리 많지 않다. 오늘날 창가학회 재일한국인 신도 대부분은 절복을 많이 하지 못한다. 필자가 만난 구술자 다수가 창가학회에 입신한 지 오래되었고 중견 간부로서 창가학회의 중심을 차지하는 신도들임을 근거로 볼 때, 오늘날 1950년대와 같은 절복이 행해지지 않는다는 것은 일본창가학회 회원들의 일반적인 경향이라 짐작할 수 있다. 그렇다면 그 이유가 무엇일까?

옛날엔 어려운 사람들, 그러니까 가난한 사람, 병이 난 사람이 창가학회에 들어왔지만 지금은 다릅니다. 요새는 사람들의 생활도 변화하고 있지요. 어려움이 적어졌어요. 게다가 이제는 주위 사람 다수가 창가학회 신자여서 새로운 사람을 찾아 신자로 만들기도 어렵습니다. 제가 최근 절복한 사람은 사촌이지요. 사촌 세 명을 절복했습니다. 가까운 데서 찾아야지요. 〈오사카 07〉

요즘 일본에는 경제적으로 어려운 사람이 거의 없어요. 대신에 뭔가 삶의 보람을 추구하는 경우가 대부분이죠. 어느 정도 풍요한 사회가 되었기 때문에 병이 낫는다는 이야기는 소용이 없는 거죠. 그리고 주변에 가능성 있는 사람들은 다 절복이 되어버렸으니까 어려운 거죠. 지금부터 절복을 하는 사람들은 동기가 바뀌어야 해요. 지금부터는 창가학회에서 바뀌어야 한다고 생각해요.
창가학회 사람들의 행동을 말은 안 해도 주변에서 관찰하고 있어요. 제게 물어보지 않아도 유심히 보는 것이죠. (저와) 같은 동네 사람 중 65세 된 할머니는 주변에 입신한 사람이 많은데, 다들 부지런히 살고 있는 것을 보고 있다가 장남이 병이 생기고 어려움이 생기니까 스스로 입신을 했습니다. 꿈을 이루고 싶다든가, 이렇게 살아도 되나 하는 정신적인 불만을 가지고 있던 사람들은 다른 종교에 가도 기쁨이 없다가 스스로 입신을 합니다. 〈도쿄 15〉

옛날 1950년대 오사카의 선배들은 절복을 강하게 했어요. 지금은 그때와 비교하면 절복이 적어졌죠. 왜냐하면 그때는 모두가 가난하고, 병에 걸린 사람도 많았고, 창가학회는 가난한 사람들의 모임이라는 말을 들을 정도였어요. 경제적으로 가난하면 절복을 할 때 생활을 좋게 한다고 해서 알기 쉬운 목표를 알려주었어요. 병에 걸린 사람에게는 건강을 준다고 해서 이해를 하기 쉬운 목표를 알려주던 시대였지만, 지금은 무엇보다도 즐겁게 살고 싶다고 생각하는 시대라서 종교가 귀찮아져버렸지요. 여기저기 재미있는 게 넘쳐나는 시대잖아요.

하지만 어려워도 절복을 해야 해요. 종교가 없는 사람은 자신만의 철학도 없어요. 그렇게 되면 사람들은 자신만이 가장 중요하다고 생각하게 되죠. 니치렌 대성인께서 말씀하셨듯이 인간의 생명은 바르게 살지 않으면 살아 있는 게 아니에요. 그런데 일본은 다른 사람을 배려하지 않는 쪽으로 변해가고 있어요. 젊은 사람들은 결혼하고 나서 부모님과 살지 않겠다고 하잖아요. 자기만 즐겁게 살고 싶다는 마음이 습관처럼 굳어지면 뉴스에 나오는 것처럼 부모 자식 사이에 살인 사건도 일어나게 되잖아요. 부모 자식 간은 물론 지역끼리 소통도 잘되지 않고, 이웃 사람이 누군지 모르고, 사람과 사람 사이에 연결도 약해지고 있어요. 사람이 자기 재미있는 것만 찾으면 인간관계가 어려워져요. 그 모습을 본 아이들이 사람과 사귀지 않고 게임이나 인터넷을 하면

서 자기 혼자만 놀아서 그런지 일본도 점점 어렵게 되어가고 있어요. 인간은
바르게 사는 것을 생각하지 않으면 행복해지지 않지요. 신심은 그래서 중요
해요. 〈오사카 11〉

　　〈오사카 07〉, 〈도쿄 15〉, 〈오사카 11〉 세 사람은 모두 절복대행진 때
와 달리 요즘 일본 사회가 매우 풍요로워서 경제적인 성취보다는 삶의 보
람을 찾고 정신적인 불만을 해소하도록 돕는 것이 중요하다고 말한다. 특
히 개인주의가 팽배한 현대 일본 사회는 공동체가 붕괴되고 개인이 각자
고립되어 생활하고 있다고 진단하고 있다. 그렇다고 해서 경제적 성공과
육체적 안정을 바라는 기복신앙(祈福信仰)적 측면이 아주 필요 없다고 보지
는 않는다. 그러한 면을 요구하는 사람들도 분명히 존재하지만, 그것 못지
않게 정신적인 치유를 원하고 삶의 의미를 찾는 사람들이 더 크게 부각되
고 있다고 보는 것이다. 바르게 사는 길을 가르치고 함께 행복의 길을 찾을
수 있도록 하는 것이 오늘날 절복의 역할이라고 생각하는 것이다.

제 5 장

창가학회의 회원 활동

필자가 만난 창가학회 재일한국인 회원들은 모두 역직을 맡고 있었다. 역직은 창가학회 조직 내부의 필요에 따라 역할을 나누고 직책을 부여한 것이다. 이들은 공동체의 선(善)을 위해 기꺼이 자신의 시간을 쓰고 있으며, 조직원들을 통솔하기 위해 창가학회에서 발행되는 서적들을 읽으며 공부하고, 리더십을 익히며 부원들의 고민을 함께하고 해결을 위해 돕는 일을 한다. 이들의 조직은 일본 사회 내에서 엄청나게 크다. 위계가 촘촘히 짜여 있으며, 연령별·직능별 조직에다 본부에 부설된 신문사를 비롯한 다양한 기관까지 아우르자면 전모를 한눈에 파악하는 것이 불가능할 정도다. 그런데도 창가학회의 조직은 서로 잘 맞물려 돌아가는 톱니바퀴처럼 효율성이 높고, 대부분의 창가학회 회원이 조직 속에서 바쁘게 활동한다.

오늘날 창가학회를 이끄는 힘은 바로 이 조직에 있다고 해도 과언이 아니다. 하지만 여기에 인간의 숨결을 불어넣고 생기를 돌게 하는 또 다른 힘이 있다. 즉, 조직 못지않게 회원들을 하나로 묶는 역할을 하고 있는 이케다 회장의 카리스마다. ≪세이쿄신문(聖教新聞)≫에서 자주 볼 수 있는 슬로건 가운데 하나가 사제불이(師弟不二)다. 창가학회는 이 슬로건을 내걸고 모든 회원이 스승인 이케다로부터 창가학회를 지키고 발전시켜야 하는 사명을 이어받아야 한다는 의식을 강화하고 있다. 이를 두고 외부 비판 세력은 이케다를 교단의 모든 권력을 쥐고 있는 최고 권력자라고 비판하면서, 창가학회를 이케다교(池田教)라고 부르기도 한다.

이번 장에서는 재일한국인들이 창가학회 조직 체계 안에서 어느 위치에 있고, 어떤 역할을 하면서 조직의 일부가 되어 있는지, 또한 이케다 회장을 어떻게 인식하고 받아들이는지 집중적으로 정리한다.

1. 사제 없는 종교 조직

창가학회 조직의 회원 관리 방식은 기존의 불교 사찰과 매우 다르다. 일본에서 흔히 볼 수 있는 사찰의 신도는 대부분 단신도(檀信徒)다. 단신도는 자신이 희망에 따라 교리를 받아들이고 신도가 된 것이 아니라, 조상 대대로 사청(寺請) 제도에 의해서 특정 사찰에 적을 두고 있으며 그 사찰에 가족묘가 있어 조상의 법요(法要)와 묘의 관리를 부탁하는 신도를 말한다(허남린, 2000: 104~106). 이들은 관습적으로 사찰 신도로 묶여 있었지만, 메이지유신 이후 사청 제도가 폐지되자 대개 가족의 장례가 있을 때만 사찰을 찾게 되었다. 즉, 일부를 제외하면 전통적인 불교 신도들은 신앙을 중심으로 자발적으로 모이는 경우가 많지 않았다.

불교는 물론 가톨릭과 개신교 조직 역시 성직자와 신도로 구성된다. 성직자는 신부, 목사, 승려 등을 말한다. 가톨릭의 신부와 개신교의 목사, 불교의 승려는 모두 의례를 집전하고 신도들에게 설교와 설법을 하며, 나아가 신도들의 신앙 문제를 상담하고 돌보는 역할을 담당한다. 그렇기 때문에 이들 종교의 중심은 당연히 성직자이며, 우리가 특정 종교의 역사를 설명할 때 역시 대부분 이들의 활동을 중심으로 하게 된다. 심지어는 샤머니즘에도 무당이라는 전문 사제가 존재한다. 무당은 단골 구역을 중심으로 활동한다. 물론 불특정 다수를 대상으로 점을 치고 굿을 하는 시대가 되면서 특정 구역에 매이는 경향은 사라졌지만, 그럼에도 무당과 신도는 확연히 구분되며 무당이 하는 일을 신도나 일반인이 대신할 수는 없다(조성윤, 2003).

그렇다면 종교의 조직에는 언제나 성직자가 존재하는 것인가? 반드시 그런 것은 아니다. 유교에는 별도의 전문적인 사제 집단이 없다. 집에서 의례를 할 때는 가족 구성원 모두 제사에 참여시키고 가장이 제관이 된다. 국가 의례는 관료들이 주관하고 유교 지식인들이 돌아가면서 사제 역할을 담당한다(조성윤, 1998).

이처럼 예외가 있기는 하지만, 일본과 한국의 역사 속에 등장하는 종교적 인물은 대부분 일반 신도가 아닌 승려다. 불교가 중국으로부터 한국에 전파되고 그것이 다시 일본에 전해지는 과정에는 승려들의 활동만 기록되어 있을 뿐 신도들의 모습은 찾기 힘들다. 새로운 절을 짓고, 교리를 연구해 종파를 만들고, 의례를 담당한 것 모두 승려의 몫이었다. 승려를 따르는 신도들은 뒤늦게 형성되었는데, 그중 가장 큰 영향력을 행사한 것은 귀족과 양반 관료였다.

반면 창가학회에는 승려가 없다. 창가학회는 신도만의 조직이다. 물론 회장, 부회장, 그리고 각 부서 간부와 세이쿄신문사, 그리고 전국의 문화회관 등 각종 기구에서 일하는 직원은 많다. 그렇지만 주요 간부는 대부분 따로 정해진 급료가 없는 봉사직이고, 직원들만 급료를 받는다. 그렇기 때문에 성직자 집단을 유지하기 위한 재정 부담도 다른 종교 교단에 비하면 적은 편이다.

창가학회는 일련정종의 신도 단체로 출발했으므로 처음부터 승려 집단이 없었던 것은 아니다. 일련정종은 중세 불교 조직이 근대로 넘어오면서 체계를 그대로 유지했다. 창가학회는 빠른 속도로 신도를 늘려가면서 일련정종 승려들을 상위 집단으로 모셨다. 창가학회가 일련정종과 완전히 분리된 것이 1991년이니 40여 년 동안 일련정종이라는 종파의 신도 단체로 머물러 있었던 셈이다. 신종교는 구종교와 대립각을 세우며 그들과 대결하는 가운데 성장하고, 이후 구종교를 완전히 벗어나는 경우가 보통이다. 그런데 창가학회는 기존 종교 교단의 산하 신도 단체로 남아 있었고, 교단 지도

부의 지도를 받으며 조직을 유지했다.

2. 신도 조직의 재구성: 자발적 결사체

일련정종에는 창가학회보다 더 오래된 신도 조직이 있었다. 단신도들로 구성된 법화강이라는 단체가 그것이다. 법화강은 사찰마다 조직되어 있었고, 이들을 하나로 묶는 법화강 연합회가 있었다. 법화강은 사찰의 중요 행사가 있을 때마다 신도 대표 역할을 하고, 재정 문제 등을 주직과 상의한다. 법화강은 대부분 사찰 주변 지역 신도들로 구성된다. 여러 대에 걸쳐 관례적으로 해당 사찰에 장례를 의지하는 단가들의 조직이므로 종교적 열정을 갖고 활동하는 신도는 찾아보기 어렵고, 대표자는 지역 유지들이 돌아가면서 맡는 직책 정도로 여겨지고 있다.

그런데 조상의 묘를 모신 사찰을 중심으로 소속되어 개인이 아닌 가족 단위로 관습적으로 세습된 단가는 가족뿐 아니라 지역 사회와도 결합되어 갔다. 일본에서는 불교 종파의 신도 단체를 흔히 '고(講)'라고 한다. 불교 경전을 청강하거나 함께 암송하는 모임으로부터 시작되었다고 하는데, 그러한 성격을 지닌 것으로는 법화경 여덟 권을 나흘 동안 읽고 공양을 드리는 홋케핫코(法華八講), 덴진코(天神講), 간논코(觀音講) 등이 대표적이다(홍성흡, 2002: 95). 고와 같은 단체는 임의 결사이며 구성원들에 의해 자발적으로 만들어지는 것이 원칙이지만, 대체로 같은 사찰에 소속된 신도들끼리 모였다. 또한 개인보다는 '가족' 단위로 단가가 구성되었기 때문에 가족을 대표하는 가장이 구성원이 되었다. 그러다 보니 임의 결사지만 실제로는 거주지의 인접성에 따라서 반강제적 혹은 자동적으로 가입되는 지연 조직과 겹치는 경우가 많았다. 특히 주민이 많지 않은 궁벽한 농촌으로 갈수록 마을 단위의 신사 조직인 미야자(宮座) 등의 조직원과 고의 구성원이 겹치는 수가 많아 지역 사회는 경제적·사회적 단위는 물론 종교적 단위가 되었다(문옥표, 2002: 13). 이러한 경향은 에도 시대 이후 단가 제도가 시행되자 마을 사람 대부분이 하나의 절의 단가가 되면서 더욱 뚜렷해졌다.

창가학회는 이러한 가족 및 지역 공동체와 얽혀 있는 종교 조직 구성을 깨뜨리고 나아가려 했다. 그러나 수백 년 동안 형성·유지되어온 사회적 결합 관계는 쉽게 깨지지 않았다. 당연히 반발이 터져 나왔다. 이미 공동체가 해체되고 있고 익명성이 커져 있던 도쿄나 오사카 같은 대도시에서는 창가학회 신도들이 전통 조직에서 이탈하는 것이 큰 문제가 아니었지만, 전통적인 사회관계로 얽혀 있던 농촌 지역에서는 이를 심각한 문제로 받아들였다. 『신인간혁명(新人間革命)』에는 1950년대 말의 상황이 다음과 같이 묘사되고 있다.

효고 현의 산간 지역: 주민들이 신사의 관리 당번을 매년 순서대로 맡는 것이 관습이었다. 관리 당번이란 신사를 관리하는 담당자로서 청소나 건물의 수리 외에 꽃을 공양하기도 하고 참배를 하는 일 등이 임무였다. 약 60세대로 구성되어 있던 그 지역에는 다쓰타 하루오라는 학회의 조장(組長)을 비롯해 몇 세대의 학회원이 살고 있었다.

이 해는 다쓰타의 집이 관리 당번 차례였으나 다쓰타는 신사에 대한 봉사나 참배를 해야만 한다는 것이 자신의 종교 신조에서 납득할 수 없었다. 그것은 다른 학회원도 마찬가지였다. 1959년 1월에 실시된 마을 총회에서 다쓰타는 말했다. "종교는 자유가 아닙니까. 저는 다른 행사에는 기꺼이 협력하겠지만 관리 당번 같은 종교적인 행사에는 참가하지 않겠습니다." 당시 학회의 절복이 급속도로 진전되고 있기도 해 신사와 관련이 깊은 마을의 임원들은 학회를 탐탁지 않게 생각하고 있었던 모양이다.

그러자 마을 임시 총회가 열려 지역 친목을 위해 순번대로 신사의 행사 담당자가 되는 것을 규약에 포함시켜 그 의무를 다하지 않는 자는 마을 주민으로서 갖는 권리를 모두 잃게 된다는 내용을 규약에 명기했다. …… 마을 책임자는 학회원에게 신사의 행사에 대한 참가를 촉구하는 한편 학회를 그만두도록 압박했다. 그러나 동지들의 결의는 단호했다. "절대로 그만둘 수 없다!" 모두 당당하게 대답했다. 다음 날 수도를 사용하지 못하게 하고, 마을 행사 등의 연락용으로 사용되던 유선방송 설비도 제거되었다. 공동 소유인 산림에 대한 권리도 박탈당하고 말았다.[1]

효고 현 산다(三田)시: 1960년 1월 초 정토진종(淨土眞宗)의 사원에서 보은강(報恩講)이 행해지자 그 비용이 각 가정으로 할당되었다. 그것은 그 지역의 관례였다. 그러나 후쿠다 다미토라는 학회 청년이 비용 지불을 거부했다. …… 그러자 동장은 지역 임원회를 열어 마을 주민이 결정한 사항을 지키지 않는 행위가 있을 경우 마을 주민이 갖는 모든 권리와 자격이 없어진다는 것을 명기한 규약을 작성해 마을 임시총회에서 통과시켰다.

총회에서 동장은 …… "후쿠다 씨가 오사카에서 돌아와 이 마을에서 종교활동을 시작하고부터, 이제까지 아무런 풍파도 없었던 마을의 평화가 무너지려 하고 있습니다. 절의 보은강 비용을 모두가 조금씩 내는 것은 이 마을의 전통이며 불평하는 사람은 아무도 없었습니다. 그러나 후쿠다 씨는 그것도 거절했습니다. 게다가 학회원이 집단으로 찾아와 신심을 강요하기까지 했습니다. 무서운 일이라고 생각합니다. 저는 앞으로의 일을 생각하니 걱정되지

---

1 이케다 다이사쿠, 『신인간혁명』(화광신문사, 2002), 제4권, 48~53쪽.

않을 수 없습니다. 그래서 이 기회에 마을 주민의 통제를 위해서 절의 행사에 대한 협력을 거부하는 등 마을의 관례를 따르지 않는 사람에 대해서는 마을의 공유 재산권을 박탈한다는 취지를 명확히 마을의 규약으로 정할 것을 의결해야 한다고 생각합니다. 여러분 어떻게 생각합니까." 환호성이 터졌다.

한 중년 남자가 이야기하기 시작했다. "나는 후쿠다 씨에게 이렇게 말하고 싶다. 창가학회 따위가 영원히 지속된다고 생각하는가. 그런 것은 곧 없어지고 만다. 그렇게 된다면 죽을 때 누구에게 장례를 부탁할 것인가. 그러니까 마을에 있는 절을 소중히 해야 한다. 그것을 부정하고 질서를 어지럽히는 자에게는 마을의 공유 재산권을 박탈하는 것이 당연하다."[2]

미에(三重) 현 구마노(熊野) 시에 있는 어촌에서도 같은 시기에 학회원 13세대가 그 마을의 산신제(山神祭) 행사에 참가하기를 거부했다는 이유로 마을의 의결로써 공유림의 재산권을 박탈당하는 사건이 발생했다. 또 구마모토(熊本) 현의 아소(阿蘇) 군 오구니마치(小国町)와 군마(群馬) 현의 안나카(安中) 시에서는 신사의 행사에 협력하지 않았다는 이유로 학회원에게 농업에 필요한 공동 기재(機材)를 사용하지 못하도록 따돌리는 사건이 있었다. 신사에 대한 기부금을 거절했다는 이유로 신사제(神社祭)를 지낼 때 학회원이 운영하는 가게에 신위(神位)를 안치한 가마를 난입(亂入)시키는 자들도 있었다. 신사제를 이용한 악질적인 집단 폭력이라고 할 것이다.[3]

위 사례들은 창가학회 절복 활동의 역사와 그 과정에서 빚어진 신도들에

---

2 같은 책, 53~61쪽.
3 같은 책, 61~62쪽.

대한 지역 주민의 따돌림을 설명하기 위해서 소개된 것인데, 이 사례들은 1950~1960년대 일본 전역에서 벌어진 수많은 사건 중 일부라고 생각된다. 이 사례들을 통해 중세적·관습적 조직 원리와 개인을 토대로 한 자발적 결사체로서의 창가학회의 조직 방식을 비교해볼 수 있다. 중세의 불교 사찰과 사원은 가족 단위 그리고 지역 공동체 단위로 얽혀 지역 주민과 상호 의존 관계를 맺은 채 유지되고 있었다. 그러한 점에서 사찰과 신사 조직은 중세적 조직 원리를 기반으로 행사를 반복적으로 개최하고, 주민들의 생활 일부분으로서 존재해온 것이라 할 수 있다.

반면 창가학회 조직은 교리를 받아들인 개인, 같은 신앙을 가진 사람들이 모여서 만드는 새로운 조직인 것이다. 창가학회가 지역 사회에서 절복 대행진을 전개하며 신도 수를 늘려나가자, 지역 사회에서는 이것을 지역 공동체가 깨지는 것으로 이해하고 두려움을 느꼈던 것이다.

창가학회와 지역 사회의 대립을 잘 보여주는 예로 '방법4 버리기(謗法 拂い)'를 들 수 있다. 창가학회 신도가 되면 가장 먼저 하는 일이 일련정종 사찰을 찾아가서 수계식(受戒式)을 하고 본존을 받는 것이다. 그리고 나면 본존을 가지고 돌아와 집에 안치하게 된다. 이때 본존을 안치하는 불단은 일반적인 불단과 모양이 좀 다르다. 일반적인 불단에는 불상이나 위패를 두지만 창가학회나 일련정종의 불단은 그 안에 본존 복사본을 놓기 때문이다. 불단은 제작·판매하는 회사와 판매점에서 구입한다. 본존을 안치할 때는 집 안에 있던 불교의 불단이나 가미다나(神棚, 일본 신도의 각종 신위를 모시는 작은 집. 보통 방 안의 천장 아래에 설치한다), 그리고 그 안에 모셔두었던

4　방법(謗法)은 일본식 용어로 정법(正法), 즉 진리가 아닌 잘못된 가르침을 뜻한다. 보통 기존의 각종 민간의 미신을 가리키는 말이지만, 불교의 다른 종파나 일본 내 다른 교단 나아가 기독교까지 모두 이르기도 한다.

오후다(神札, 일본의 신사에서 각종 신의 이름을 나무 막대기에 적은 것) 등은 모두 버려야 한다. 이를 방법 버리기라고 한다. 이것은 자신이 창가학회 신도가 되었다는 사실을 가족, 나아가 이웃 사람들에게 알리는 적극적인 행위라고 할 수 있는데, 일본의 사회학자인 다마노 가즈시(玉野和志)는 자신이 본 것을 회상하며 다음과 같이 설명했다.

회원이 되면 방법 버리기를 하게 되어 불단과 가미다나를 철거해버리는데, 그리고 나면 창가학회가 과격한 집단으로 보였습니다. 당시 회원은 병자와 가난한 사람뿐 그럴듯한 집에 사는 사람이 없었지요. 제가 젊을 때 자주 보았던 학회원은 사는 게 형편없으면서도 오늘은 몇 개의 가미다나를 불살라 버렸다는 둥, 몇 사람을 절복시켰다는 둥 말하자면 투사처럼 보였는데, 남자다운 신심을 하고 있다고 여겨지지는 않았습니다(玉野和志, 2008: 39).

일본의 농촌 지역 사회에서는 지역의 마을회[町內會]가 지역 사찰과 신사의 신도 조직을 그대로 겸하는 경우가 많았다. 그래서 절이나 신사의 청소를 주민이 돌아가면서 하기도 했고, 절이나 신사에서 해마다 정해진 행사를 할 때가 되면 마을회가 나서서 주민에게 조금씩 돈을 모았다. 요즘으로 치면 500엔 또는 1,000엔 정도였다. 여기서 중요한 것은 지역 주민이 신도 조직으로 편입되는 것이 매우 자연스럽다는 점에 있다. 지역 공동체는 이러한 식으로 묶여 있었다. 그런데 창가학회 신도가 된 사람들은 이러한 활동에 참여하는 것을 거부했다. 도시나 창가학회 신도가 많이 모여 사는 지역에서는 공동체로부터의 압력이 덜 했지만, 한 마을에 한두 명의 신도만 있을 경우에는 사정이 달라졌다. 농촌 지역의 전통 종교가 종교로서의 역할과 기능을 잃어버린 상태였음에도 이는 지역에서 따돌림을 당하는 계기가 되기도 했다. 그러다 보니 창가학회 신도는 마을회나 상점 조합에 전혀 관여하지 못했다.

창가학회는 일련정종 사찰 단위별로 조직되어 있던 법화강과는 다른 방식으로 신도를 조직해갔다. 절복을 해서 새 신도가 생기면 가까운 일련정종 사찰에 가서 수계식을 거행하고 본존을 받게 했다. 물론 새 신도는 해당 사찰에 등록되었다. 하지만 이것은 어디까지나 형식적인 절차에 지나지 않았다. 창가학회 신도들은 일련정종 신도 조직이었으나 각 사찰에서 별다른 활동을 하지 않았고, 별개의 조직으로 구성되어 창가학회에서 활동했다.

창가학회 조직에 들어온 회원은 다음과 같은 절차를 거친다. 신입 회원은 자신을 절복한 회원의 조직에서 일단 입신 카드를 작성하게 된다. 그런 다음 기본 단위인 조(組) 또는 블록(bloc)에 속하게 된다. 그러면 조장 또는 블록장이 신입 회원을 지도하고 정기적으로 열리는 좌담회에 참석시킨다. 이렇게 해서 각 조와 블록에 소속된 회원들은 조장, 블록장의 지도 아래 신앙심을 키우고 창가학회의 각종 행사에 참여한다.

이처럼 창가학회는 승려 없이 회원들끼리 조직을 구성하는 방식으로 인해 조직 구성원 간 리더와 일반 신도의 간격이 별로 크지 않으며, 신도들의 자발적 참여를 유도하는 기제를 확보하고 있다는 점이 큰 강점으로 부각되었다.

3. 지역 중심으로

창가학회 회원의 조직 구성은 피라미드 형태의 종적 조직이 중심이었지만, 점차 지역 단위의 횡적 조직으로 바뀌었다. 이는 하루아침에 바뀐 것이 아니라 여러 해에 걸쳐 기본 방침을 개편하는 작업을 진행한 결과였다. 이

점은 메이지유신 이후 발생한 근대 신종교들과 비교해볼 때 창가학회만의 독특한 특징이다.

다른 신종교들은 대부분 종적 조직 구조를 그대로 유지했다. 인간관계 중심의 종적 조직은 신도 간의 강한 유대를 바탕으로 한다. 자신이 포교한 신도들을 모두 자신의 밑에 두고 관리하며 책임지는 방식이다. 따라서 조직의 결합 정도가 매우 높다. 그러나 사람들이 지리적으로 멀리 흩어져 있기 때문에 발생하는 어려움도 많다.

이러한 문제를 극복하기 위해서 활용하는 것이 지역 단위의 횡적 조직 방식이다. 지역 조직은 누가 포교를 했는가에 상관없이 각 지역 단위로 편성되기 때문에 동일한 지역에 거주한 신도가 같은 조직에 속하게 된다. 이렇게 되면 신도들이 곧 지역 주민이기 때문에 모이기도 쉽고, 짜임새 있는 활동을 전개하기에 편리하다. 그렇지만 잘못하면 종적 조직의 장점이었던 끈끈한 인간관계가 약화되면서, 신도들의 관계가 형식적으로 흘러버릴 가능성도 높다.

일본의 신종교인 천리교와 영우회는 종적 조직 방식을 택했다. 특히 천리교는 오늘날까지도 종적 조직 구조를 유지하고 있다(조성윤, 2007: 235~236). 반면 창가학회는 천리교와 달리 종적 조직 방식이 어느 정도 한계에 부딪혔을 때 횡적 조직 방식을 결합해 재조직함으로써 한계를 돌파했다. 이러한 조직 구조의 차이가 어떤 결과를 가져오는지에 대해서는 아직 연구가 충분하지 않다.

창가학회는 누가 절복했는지 상관하지 않고 신입 회원이 거주하는 지역의 조직 책임자가 그 회원을 맡는다. 〈도쿄 08〉은 면담을 통해 이 과정을 자세히 설명해주었다. 새로 입신한 회원을 처음에는 자신이 좌담회에 데려가고 상담도 하면서 관리했지만, 1년 후에는 입신한 회원의 거주지 조직

책임자가 회원을 관리하도록 했다고 말했다.

제가 절복한 사람은 모두 기억하고 있어요. 입회 카드가 있으니까 그걸 제가 노트에 적어두었다가 연락하고 그래요. 1년간은 제가 절복한 구역에 소속되지만 1년 후에는 그 사람이 살고 있는 곳으로 카드를 보냅니다. 그러면 거기 사람들과 활동을 하지요. 그렇지만 개인적으로는 그 사람과 제가 쭉 연결이 됩니다. 가끔 연락해서 여러 가지 이야기도 듣고 도와줄 건 도와주고 그래요, 계속. 〈도쿄 08〉

신입 회원은 창가학회 조직의 기본 단위인 블록에 소속된다. 블록은 보통 30명을 기준으로 하며, 3개 블록을 묶어 지구(地區) 조직이 만들어진다. 블록은 인원이 고정된 것이 아니다. 참석하던 사람이 그만두거나 멀리 이사를 가면서 신도가 줄어들 때도 있고, 절복으로 신도 수가 늘어나기도 한다. 신도가 늘어나 블록 구성원이 40명을 넘으면 2개의 블록으로 쪼개진다. 그러면 3개의 블록으로 구성되어 있던 지구가 4개 블록을 두게 된다. 그러다가 다른 블록에서도 자꾸 회원이 늘어 지구 내 블록이 5개 이상 되면 새로운 지구를 만들면서 조직이 분화된다. 즉, 입신하는 회원이 늘어나면 늘어날수록 블록 수는 많아지고, 이에 따라 지구 조직이 새로 만들어지고, 연쇄 작용으로 상위 조직도 늘어나게 된다. 이렇게 회원이 짧은 시간 안에 계속해서 늘어난다면 그 지역 조직은 성장을 거듭하게 된다. 그러나 10년 이상 지나도 조직에 새로운 입신자가 없거나 신도 수가 줄어들면 그 조직은 쇠퇴의 길로 들어선다.

신도가 되면 지역별 단위 조직인 블록의 블록원이 되지만, 여기서 그치는 것이 아니다. 동시에 연령별 조직과 문화부서별 조직에 각각 소속한다.

연령별 조직은 장년부, 부인부, 남자부, 여자부, 미래부, 학생부 등으로 나뉜다. 문화부서별 조직은 교사 중심의 교육부, 대학교수 중심의 학술부, 의사 모임인 닥터부, 문학인·예술인 또는 연예인 모임인 예술부, 문예부 등이 있으며, 여러 외국어를 사용하는 사람들의 모임인 국제부로 꾸려져 있다.

창가학회 조직은 지역별·연령별·성별·직업별로 다양하게 짜여 있으며, 조직들이 서로 톱니바퀴처럼 맞물리며 돌아가는 합리적인 운영 방식을 갖고 있다. 지역 조직은 블록을 기초 단위로 하여 지구, 지부, 권, 방면 등으로 커지며 상위 조직으로 올라갈수록 신도의 세대 수가 많아진다. 그리고 각 지역마다 성별, 연령별 조직이 구성되어 있는데 남자부, 여자부, 장년부, 부인부가 그것이다. 어린이를 위한 미래부도 조직되어 있다.

회원들은 자신이 속한 조직에 따른 활동을 하게 되는데 창가학회의 신문인 ≪세이쿄신문≫을 읽는 모임, 또는 이케다의 연설을 듣는 모임 등등 함께하는 활동이 여럿 있다. 그중 가장 주목할 만한 것은 좌담회(座談會)다. 좌담회는 20~30가구 단위로 구성되는 신도들의 정기 모임으로, 블록 구성원들이 한 달에 한 번 남녀노소를 구분하지 않고 모이는 창가학회의 가장 기초가 되는 모임이다. 때로는 두 달에 한 번 지구 단위로 확대 좌담회를 갖기도 한다. 승려를 비롯한 종교 전문가 집단이 교리의 해석과 설교를 독점하는 것이 일반적인 상황인 요즘, 평신도들로 하여금 목소리를 내게 하고 서로 듣게 하는 방식은 매우 예외적이다. 개신교의 경우 '간증'이라는 형식이 있지만, 이 형식 역시 점차 축소되고 있고, 신도 대부분은 목사의 설교를 일방적으로 듣는 상황이다.

창가학회의 좌담회는 매우 다른 방식으로 진행된다. 좌담회는 신도들만의 모임으로, 각자 가슴속에 담겨 있는 이야기를 자유롭게 발언하면서 상호 간의 이해는 물론 자신감도 갖게 된다. 좌담회를 시작할 때와 마칠 때는 모든 신도가 무릎을 꿇고 염주를 손에 잡은 채로 본존을 향해 '남묘호렌게 쿄'라는 제목을 3회 봉창한다. 사회자가 정해져 있으며, 1명 때로는 2명의 회원이 체험담을 발표한다. 자신이 어떤 고난을 겪었는지, 그리고 그 고난 이 어떻게 심해졌으며 창가학회 회원이 되고 열심히 기원하면서 어떤 결과 를 얻게 되었는지를 이야기하는 것이다. 체험담의 내용은 대부분 건강, 가 난, 가정불화에 관한 것이다. 체험담은 좌담회에 모인 회원들의 개인사를 알도록 돕는 역할을 하는데, 좌담회에 참석에서 서로 살아가는 이야기를 나누는 경험은 공동체에 소속된 회원 간의 결속을 높일 뿐만 아니라 회원 들의 절실한 생활 경험에서 나오는 소박한 언어가 회원들의 감동을 배가시 킨다.

좌담회에는 레크리에이션 시간도 있는데, 회원 중 한 명이 진행하며 좌 중을 즐겁게 한다. 때로는 회원 자녀들이 동요를 부르기도 한다. 그런 다음 매달 발간되는 ≪대백연화(大白蓮華)≫에 실린 어서(御書, 니치렌의 저작물) 의 한 구절을 다 같이 읽고, 교학 자격을 갖춘 간부가 10분 정도 어서 내용 을 해설한다. 좌담회는 1시간 반쯤 걸리며, 삭막한 도시에서 외롭게 지내 는 사람들이 서로 위로하는 자리의 성격을 띤다.[5]

---

5 이원범·남춘모, 「조직사회학적 관점에서 본 일본계 신종교 교단의 소집단 활동: 소집단 활동으로서 KSGI 좌담회 분석」, ≪일본근대학연구≫(한국일본근대학회, 2007), 제16 집. 이 논문은 『한국 내 일본계 종교운동의 이해』(이원범 외, 2007)의 274~300쪽에 재 수록되어 있다.

4. 역직의 봉사 활동

창가학회에 입신한 사람이 근행과 창제에 열성을 보여 적극적인 신도라고 인정을 받게 되면 그에게 맞는 직책이 주어진다. 이처럼 회원 각자에게 주어지는 직책을 '역직'이라고 한다. 지역 단위에서 역직을 맡은 사람들이 하게 되는 가장 중요한 일은 그 단위 내 회원들의 가정을 방문하고 상담하거나 각종 회의에 참석하는 것이다.

창가학회 신도들의 중요한 특징 가운데 하나는 대부분의 신도가 창가학회의 잘 짜인 조직 안에서 일정한 위치를 부여받고, 그 위치에 맞는 역할을 수행하고 있다는 점이다. 이는 재일한국인 신도라고 예외가 아니다. 필자는 창가학회 재일한국인 회원들을 면담하기 전 막연히 그들 대부분이 간부가 아닌 일반 회원이고, 간부이더라도 낮은 수준의 직책을 맡는 데 그쳤을 것이라고 예상했다. 그러나 그렇지 않았다. 면담을 했던 39명 중 32명이 지역 조직에서 역직을 맡고 있었다. 필자가 만난 구술자들이 자신이 맡은 역직을 모두 좋아한 것은 아니었지만, 역직에 부과된 책임을 수행하는 것을 당연하게 생각했다. 그리고 그 역할을 무척 열심히 수행했다. 자신에게 이득이 되는 활동이 아니고 오히려 자신의 시간과 돈을 써가면서 해야 하는 일인데도 즐겁게 역할을 수행했다. 구술자 중에는 창가학회 지역 조직의 기본 단위인 블록의 바로 상위 조직인 지구의 책임을 맡은 사람이 10명이나 되었는데, 그중에서 남자 2명은 지구 부장을 맡고 있었고, 여성 8명 중 2명은 지구 부인부장을, 나머지 6명은 지구 부부인부장을 맡고 있었다.

일반적으로 지구의 책임자인 지구부장은 남자가 맡으며, 임원으로 부인부장, 남자부장, 여자부장이 임명된다. 각 역직마다 한 사람이 임명되며, 이들 4명은 지구에서 핵심적인 역할을 한다. 여기에 필요에 따라서 부(副)

의 호칭이 붙는 임원이 추가 임명된다. 지구 부장과 지구 부인부장은 실질적으로 지구 안의 회원들을 관리하는 반면, 지구 부부장과 지구 부부인장 등은 지구 부장이나 부인부장 등의 책임자들을 돕는 수준에 그친다.

다음으로 지구의 상급 조직인 지부에서 역직을 맡고 있는 사람은 모두 14명이다. 이 중에서 지부 책임자인 지부장은 총 5명으로 모두 남성이다. 그 보좌역인 부인부장은 2명으로 여성이 맡는다. 그리고 부지부장인 남성이 3명, 부부인부장인 여성이 4명이다. 지구의 상위 조직인 본부의 책임자는 총 6명으로 5명의 남성이 부본부장, 1명의 여성이 본부 부인부장을 맡는다. 이보다 상위 조직인 구(區)와 권(圈)의 역직은 구장과 권장으로 각각 남성 1명이 임명된다.

필자가 면담한 재일한국인 39명 중에서 대학생 2명과 일본에 와서 생활한 지 오래되지 않은 뉴커머 3명은 지역 조직에서 역직을 맡고 있지 않았다. 그밖에 의사와 중소기업 사장 2명도 맡고 있지 않았다. 따라서 39명 중 82%에 해당하는 무려 32명이 역직을 맡고 있던 셈이다. 이들은 권장과 구장 각 1명을 제외하면 대부분 지구, 지부, 본부에서 역직을 맡고 있었다. 이 중에서 대학교수인 〈도쿄 15〉가 자신의 지역에서 반담(블록의 책임자)을 맡은 것을 빼면, 대부분 지구 이상의 조직 간부였다.

창가학회 내의 재일한국인은 문화적 특성을 살려서 한국어로 집회하는 조직을 만들거나, 일본어를 사용하더라도 재일한국인 중심의 조직을 만들어 활동하기도 한다. 〈도쿄 02〉가 만든 '아리랑회'라는 조직과 〈도쿄 09〉가 활동한 국제부의 'D제미'라는 모임이 그러한 예였다. D제미는 일종의 세미나 모임으로, 한 달에 한 번씩 한국어로 된 책을 읽고 보고서를 만들어 이케다 회장에게 제출했다고 한다. 이케다 회장의 연설 중 항일독립운동에 관한 내용이나 유관순, 김구 같은 한국 유명 인사의 말을 인용해 보고서를 정리했다고 했다.

한편 〈도쿄 07〉은 국제부 산하의 무궁화 그룹에서 통역 봉사를 맡고 있었다. 무궁화 그룹은 일본어를 모르는 재일한국인들의 모임이다. 무궁화 그룹은 재일한국인들만의 별도 모임이기는 하지만 어디까지나 문화적 특성을 살린 특별 활동일 뿐 일상 조직은 아니다. 모임의 인원수도 3명뿐이다. 또한 그들 모두 도쿄에 거주하는 회원이란 점에 주목할 필요가 있다. 즉, 이와 같은 국제부 활동은 거의 본부가 있는 도쿄에서나 가능하며, 지방에서는 거의 보기 어렵다. 이 같은 활동을 제외한다면 대부분의 재일한국인은 일본창가학회 내에서 별도의 조직을 구성하지 않는다. 그들은 모두 지역 조직에서 일본인들과 함께 섞여서 활동한다. 그런 점에서 재일한국인이 일상적으로 활동하는 조직은 블록, 지구, 지부, 본부로 이어지는 지역 단위의 조직이다.

재일한국인 신도들이 창가학회 조직 내에서 어떤 활동을 하고 지내는지 좀 더 자세하게 들여다보자. 먼저 도쿄 신주쿠(新宿) 지역에 거주하는 〈도쿄 08〉은 침구 치료실을 운영하고 있다. 그녀는 매일 침구원에 출근하고 직접 치료도 하기 때문에 몹시 바쁘게 지낸다. 그런 그녀가 창가학회 조직 내에서는 '신주쿠총구(總區) ― 신주쿠이케다구(區) ― 신주쿠상락본부(本部) ― 오쿠보대승지부(支部) ― 신주쿠우광지구(地區)' 소속이다(창가학회 조직은 거대한 조직이 거미줄처럼 얽혀 있는데, 그 일부를 나타내기 위해 위와 같이 복잡한 조직 체계를 수직적으로 나열해보았다). 그녀가 맡은 직책은 본부의 부인부 부본부장이다. 그리고 동시에 지구에서 교학 책임자로도 일한다. 부인부에는 약 300명의 회원이 속해 있는데, 그녀는 이 부인부 회의에 참석하고 있다. 하지만 이보다 더 많은 시간을 보내는 일은 지구의 교학 담당자로서의 활동이다. 지구 교학 담당자는 지구 내 좌담회에 참석해 교학을 담당한다.

〈도쿄 08〉은 자신이 하는 일에 대해 "지구 회원 중에서 인간관계를 잘하지 못하는 사람들과 회의에 나오는 것을 싫어하는 사람들의 가정을 방문하고 그들의 이야기를 듣고 상담한다. 그래서 구성원들이 부드럽게 서로 연결될 수 있도록 이끌고 있다"고 했다. 그녀가 교학 담당자가 된 것은 교학부가 실시하는 교학 시험에 합격해 교수 자격을 갖고 있기 때문이다.

그런가 하면 〈오사카 02〉 부부는 남편이 지부장, 부인이 부인부장을 맡고 있다. 이들 부부는 자신이 살고 있는 집 2층을 넓게 만들어 개인회관으로 회원들에게 개방했다. 필자가 방문했을 때 그들은 그곳에서 지부 소속 세대를 모두 지도 위에 표시해 벽에 붙여놓고 변동 상황을 수시로 확인하고 있었다. 그들이 일하는 지부의 회원은 과거 500세대에서 현재 26세대로 절반가량 줄어들었다. 그 이유는 그들 부부가 간부로서 태만하거나 능력이 없어서가 아니다. 그들이 사는 이쿠노 지역은 도시의 변두리에 속하고, 건물이 노후화하면서 주민들이 점차 지역을 떠나 인구가 줄어들고 있다.

〈오사카 02〉 부부가 거주 및 활동하는 지역은 재일한국인이 집중 거주하는 지역이고, 특히 술집에서 일하는 여성과 남성이 많이 살고 있는데 이 중에는 비자 기한을 넘겨 불법 체류자가 된 사람도 많다. 불법 체류자 중에는 일본 유흥가에서 일하기 위해 숨어서 사는 재일한국인도 많은데, 〈오사카 02〉 부부는 이들을 자주 만나 도와주고 있다고 했다.

어려운 문제가 없나 가정방문도 해야 합니다. 문제가 생기면 전화가 옵니다, "도와주세요". 어떻게 합니까, 일본 사회에서도 잘 못사는 사람이 있고, (저희가 가정방문을 하는 사람 중에는 자식) 교육도 못 시키고 잘 못사는 사람이 많기 때문에 잘 도와주어야 하지요. 이 지구는 일본 사회에서 제일 떨어지는 사람들이 모이는 지역입니다. 이마사토신지는 옛날엔 공창이 있었던 지역인

데 지금도 있어요. 사회에서 제일 생활이 떨어지는 사람과 숨어 사는 사람이 많기 때문에 가장 좋지 않은 조건입니다. 〈오사카 02〉

〈고베 09〉는 재일한국인 2세다. 남편은 일본인이며 한국에 관심이 많아서 한국어를 잘한다. 둘 다 창가학회 신도로 만나 결혼했다. 이 부부는 한 지구의 지구 부장과 지구 부인부장을 맡고 있다. 현재 회원 수는 모두 35가구로 다른 지구에 비하면 적은 편이다. 지구 안에는 3개의 블록이 있는데 각 블록마다 남자가 블록장, 여자가 시라유리(白百合)장을 맡는다. 그러니까 이 지구에는 남녀 3명씩 블록장과 시라유리장이 있어 역직을 맡은 자가 총 6명이다. 또한 지구에는 남자부, 여자부, 장년부, 부인부가 각각 조직되어 있다. 각 블록은 한 달에 한 번씩 좌담회를 열고, 각 부도 한 달에 한 번 따로 모임을 갖는다. 매주 월요일에는 지구 협의회가 열린다. 여기에는 지구 부장을 중심으로 4부 부장과 블록장, 시라유리장 등 역직을 맡은 모든 사람이 모인다. 이 모임을 통해서 이 지구 내의 사정을 토론하고 문제에 대한 해결책을 함께 모색한다.

(지구협의회에는) 지구 부장하고 지구 부인부장. 역직 관계없이 다 모입니다. 월요일 7시 15분부터 저희 집에서 모임을 합니다. 모임 시간은 1시간에서 1시간 10분 정도이고, 그전에는 90분 정도 할 때도 있었지만 아키야 회장님[아키야 이노스케(秋谷榮之助), 2006년 당시 창가학회 회장]이 모임 시간을 줄이라면서 '모임 혁명', '회합 혁명'이라고 하셨습니다. 그래서 모임 시간은 줄이고, 그 대신 가정방문을 많이 하고 있습니다. 〈고베 09〉

〈고베 02〉는 가정주부다. 그녀는 자신의 활동에 대해 다음과 같이 이야기했다.

　좌담회는 한 달에 한 번, 교리회의는 매주 한 번 있어요. 교리회의는 대개 매주 월요일에 합니다. 교리회의에서는 지부의 지부장, 지부 부인부장 중심으로 교리를 합니다. 선생님의 신문을 읽으면서 이런 것도 있다고 시작할 때도 있고요. 정해진 것은 없습니다. 크게 봐서 각 지부나 각 지구에서 다 다르니까, '이 지구에서는 뭘 열심히 하자'라든가 '사정이 되면 이번 달은 신문 (읽기를) 열심히 합시다'라든가 하는 지도를 합니다. 그 외에는 지부 간부회의가 있습니다. 처음에는 이름이 지부 간부회의였지만, '간부가 아닌데 어떻게 하죠?'라는 말들이 나와서 최근에 지부회의라는 이름이 되었어요. 그리고 부인부의 회원끼리 따로 모임을 합니다. 점심시간에 직장이 없는 사람들이 정해진 장소에서 일주일에 한 번씩 모여 제목을 올리는 시간을 갖습니다. 어떤 지부는 오전 중에 하는 것 같기도 하고요. 1시간 반 정도 합니다. 다같이 30분 정도 제목을 올리고 나중에는 이런저런 일을 상담합니다. 그리고 문화회관으로 선생님의 방송을 보러 갑니다. 어제 했던 것을 3일 정도 하는 것입니다. 대부분의 회관에서 볼 수 있습니다. 〈고베 02〉

　이상에서 살펴보았듯이 재일한국인 신도는 대부분 창가학회 조직에서 열심히 활동하고 있었다. 창가학회 조직의 가장 큰 특징은 신도가 여러 지위를 부여 받고 그 지위에 해당하는 역할을 수행하더라도, 창가학회 본부 직원이나 회관 관리 직원을 제외하면 모두 급료를 받지 않는 무보수 활동을 한다는 점이다. 따라서 많은 사람이 각기 자신의 생업을 갖고 창가학회 활동을 하고 있다.

　급료를 받는 직원은 신도 중에서 충원된다. 필자가 만난 간사이 본부와 고베 본부 광보실 직원들은 모두 대학 졸업자였고, 그중에는 게이오대학교를 비롯한 이른바 일류대학 출신도 있었다. 말하자면 엘리트 출신들이 선발되어 직원으로 채용되는 것이며, 그들은 정식 급료를 받도록 되어 있다. 하지만 그 직원들도 직원으로서의 업무만 하는 것이 아니라, 각자 자기 해당 거주 지역의 회원으로서 그 지역의 지구나 지부에서 역직을 부여 받아 일을 한다. 물론 이 같은 역직은 모두 저녁, 즉 퇴근 시간 후에 활동이 이루어지며 무보수다.

지역 단위의 부인부는 오전 또는 오후에 모임을 가질 수 있지만 장년부, 청년부 등의 조직은 대개 저녁 식사 후에 모임을 갖는다. 지역의 구성원이 모두 한 달에 한 번 참가하는 좌담회는 물론 기타 지구, 지부 단위의 중요한 모임들 역시 모두 저녁 시간에 이루어진다.

5. 신문 돌리기

여성 신도들이 창가학회 회원임을 확인하고 보람을 느끼는 일 중 하나가 ≪세이쿄신문≫을 정기적으로 돌리는 것이다. 이 일을 하는 회원들의 조직을 칸나회라고 한다. ≪세이쿄신문≫은 창가학회의 공식 기관지이자, 전국에 배포되는 일본의 일간지다. 이 신문의 발행처인 세이쿄신문사는 일간 500만 부 이상의 판매 부수를 유지하는, 일본 내에서도 대단히 큰 신문사에 속한다. 그런데 이 신문의 배달을 회원들이 한다.

≪세이쿄신문≫을 돌리는 일은 대개 지부 부인부장 정도의 역직을 맡은 사람이 한다. 필자가 만난 구술자 중에는 ≪세이쿄신문≫을 돌리는 사람이 7명이 있었다. 그중 〈오사카 08〉은 블록장과 지구 부인부장 역직을 13년간 했으며, 19년간 신문 배달을 했다. 그녀는 주로 일요일에만 신문을 돌리

는데, 시간은 1시간 반 정도 걸린다. 같은 구역에서 주 중에 신문을 돌리고 있는 회원은 30년 넘게 봉사를 하고 있는 사람이라고 했다.

일요일에 배달하는 게 싫다고 생각해본 적은 한 번도 없었어요. 신문 배달은 어렵기 때문에 하려는 사람이 별로 없어요. 무료로 하는 것이기도 하고요. 신문 배달을 진심으로 하고 싶어 하는 사람이 있다면 주겠지만 제가 하기 싫어서 바꾸겠다는 생각은 한 적이 없어요. 〈오사카 08〉

신문 배달은 남편이 했습니다. 원래는 제가 했는데 남편이 자기가 나눠서 해주겠다고 했지요. 지구를 둘로 나눠서 하기 때문에 그렇게 많지 않아요. 60부 정도입니다. 그래서 20분 정도면 배달합니다. 매일합니다. 신문 배달은 반드시 하루는 대신 해주는 사람이 있어서 토요일, 일요일은 다른 사람이 돌립니다. 〈오사카 07〉

≪세이쿄신문≫ 배달은 아침 5시 반부터 매일 하는데 80부 정도를 배달하기 때문에 30분 정도 걸립니다. 하지만 지금은 아이를 낳은 지 얼마 안 되어서 다른 사람이 대신 해주고 있어요. 지금은 잠시 쉬고 있는데 나중에 다시 하고 싶어요. 신문 배달은 재미있어요. 일찍 일어나면 하루가 길고, 저에겐 다이어트도 되고요. 〈오사카 11〉

14년 전부터 지부의 부부인부장을 맡고 있어요. 그전에는 지구 부인부장을 25년 했고. 신문 배달도 제가 스물여덟 살 때 입신해서 서른 살 때부터 36년간 했어요. 다음에 할 사람이 없으니까 제가 했지요. 오하시 지부의 가구라 지구. 여기 주변입니다. 처음엔 많았어요. 지구 안에서 60부 정도부터 했는데 쇼와 45년까지는 상당히 많이 늘어났어요. 많은 사람이 받으려고 했어요. 매일 100부가 되었습니다. 자전거 바구니에 다 들어가지 못할 정도였어요. (신문을 돌리는 데) 자전거로 1시간 반 정도 걸렸어요. 창가학회 이외의 사람들에게도 넣고 있었으니까. 지금 제가 배달하고 있는 것은 45부 정도이고, 창가학회 회원보다는 아닌 사람들이 더 많이 받고 있어요. 지금은 걸어서 배달하고 있습니다, 건강을 위해서. 새벽 5시에 일어나요. 그 시간이 좀 어두워요. 〈고베 05〉

창가학회의 역직을 맡은 건 1993년부터입니다. 처음에는 순서대로 블록 책임자가 되고, 1995년부터 지구에서 부인부장을 5년 하고, 1999년에 지부 부인부장을 맡았다가 작년부터 부본부장입니다. ≪세이쿄신문≫은 대부분 지구 부인부장이나 블록 담당자가 (배달)합니다. 저는 지금 주 중에 매일 신문을 배달하고 있습니다. 일요일에는 다른 사람이 합니다. 아침에 6시에 일어나 배달은 6시 반 정도부터 합니다만, 여름에는 좀 빨리 하고요, 겨울에는 좀 늦고요, 6시 반도 어둡죠 겨울에는. (신문을 돌리는 데) 40분 정도 걸립니다. 신문 배달은 즐거움도 있고 책임감도 있고요, 가끔 귀찮을 때도 있지만. 일어나면 '하자!' 하는 마음이 생기지만 일어나기 전까지는 좀 힘들 때도 있어요. 요즘에는 즐거움이 가득한 마음으로 하지만 전에는 '안 가면 안 될까'라든가 '가자' 하는 마음이 왔다 갔다 했었지요. 지금은 습관이 되어서 괜찮아졌지만요.

지부의 회원은 130세대 정도입니다. 신심을 하고 있지만 신문을 받지 않는 집도 있습니다. 130세대 중에 100세대는 받고, 30세대는 받지 않는 세대입니다. 부수는 별도이고요, 가족 3~4명당 각각 2부, 3부를 받은 가족도 있습니다. 〈고베 02〉

배달은 지역 회원이 합니다. 한 달에 6,000엔 정도로 아주 적은 배달료를 받긴 하지만, 지역 사람들을 위해서 하고 싶다는 사람도 있어요. 아침의 신앙(활동이라는) 측면도 있지요. (배달하는 인원은) 지역에 따라 달라요. 한 사람이 하는 경우도 있고 여러 사람이 돌아가면서 하는 경우도 있어요. 요즘은 남성부 회원도 하고 있어요. 배달 시간은 처음에는 1시간 반 정도 걸렸는데, 지금은 빨라져서 40분 정도 걸려요. 〈고베 01〉

≪세이쿄신문≫을 배달하는 일은 창가학회 간부들이 맡아서 한다. 한 사람당 많게는 100부 정도, 적게는 40~50부 정도를 돌리며, 대체로 지구 단위로 쪼개서 담당한다. 배달 담당자는 대부분 부인부 역직을 맡은 사람 중에서 자원한 경우가 많은데, 직장인도 있지만 직업 활동을 하지 않는 전업주부가 가장 많다. 담당자가 몸이 아프거나 사정이 있을 경우 배우자가 대신하기도 하고(배우자 역시 창가학회 회원일 경우), 지역에 따라서는 남성 회원이 맡기도 한다.

신문 배달은 기본적으로 봉사 활동이다. 물론 적지만 배달료를 받기는 한다. 고베에서 면담에 동석했던 창가학회 관계자는 주 중에 신물을 돌리는 사람의 경우 한 달에 6,000엔가량 받는다고 했다. 한 사람이 하는 경우도 있고 여러 사람이 돌아가면서 하는 경우도 있어서 배달료는 조금씩 다를 것이다. 그러나 돈을 받으려고 이 일을 담당하는 경우는 없다고 했다. 그리고 이 일에 대해서 불만을 말하는 구술자 역시 없었다. 그들은 오히려 성취감을 갖고 있었고, 여러 해 동안 꾸준히 봉사 활동을 한 자신의 신앙심을 자랑스럽게 생각했다.

6. 공동체 발견과 자기 성장

　근대화 이전에는 가족 공동체, 그리고 가족 공동체가 확대된 혈연 공동체와 집성촌 등의 지역 공동체가 사회적 결합에서 매우 중요한 역할을 수행했다. 그러나 근대화 이후 핵가족화가 진행되면서 혈연 공동체는 물론 지역 공동체가 점점 사라지고 있다. 또한 농촌에 거주하던 사람들이 대거 도시로 이주하면서 도시가 거대해졌고, 그로 인해 도시의 익명성이 높아졌기 때문에 지역 공동체의 유대가 약화되는 것은 어쩔 수 없는 일일 것이다.

　그러나 사람들은 여전히 어떤 이유로든 모이려고 한다. 같은 취미를 가진 사람들이 동아리를 만들고, 교회와 절에도 신도들이 모인다. 신도들은 같은 교회나 절을 다니는 신앙 공동체이며, 각각의 종교 집단은 이들이 서로 네트워크를 만들어 활발한 신도 활동을 벌이기를 고대한다. 그래서 같은 종교 집단 안에서도 비슷한 성향의 사람들의 모임이 생겨난다. 이러한 다양한 결사체는 공동체와 비슷한 역할을 한다. 공동체를 운영하기 위해 조직 체계가 만들어지고, 이 조직 체계는 재정을 운영·관리하며 결속을 다진다. 과거 혈연 공동체처럼 구성원과 그의 가족의 관혼상제에 서로 도움을 주고받기도 한다. 공동체에 대한 현대 사회의 욕구는 여전히 존재하지만 심리적인 이유나 사회적인 구조 때문에 공동체에서 멀어지는 개인이 발생한다. 이 개인들에 대한 조직의 영향력은 어떨까?

　앞에서 창가학회 조직에 속한 신도 대부분은 조직 활동에 많은 시간을 쓰고 있음을 살펴보았다. 이는 일상생활에서 창가학회 활동이 차지하는 비중이 그만큼 크다는 것을 말해준다. 창가학회 조직은 일정한 지역을 중심으로 블록을 형성하는데 회원 수가 늘어나면 그 지역 안의 블록 수를 늘리긴 해도, 회원이 줄어들었다고 해서 전혀 다른 지역과 블록을 결합하는 경우는 없다. 즉, 철저하게 지역 중심으로 신도들을 조직하는 것이다. 그리고 블록을 책임지는 블록장은 지역 내 구성원들의 신앙생활을 살피고, 좌담회에 출석하도록 독려하며, 고민이 있는 회원의 이야기를 들어주며 의논 상대가 되어준다. 또한 병에 걸린 회원이 있으면 위문을 가고 완쾌를 함께 기원하기도 한다. 블록장은 자신의 블록 안에서 벌어지는 이러한 일들을 챙기고 관리하며, 그러한 역할을 잘 수행하는 데에서 보람을 느끼고 기뻐한다.

블록장은 상위 조직인 지구 임원들과 자주 모여 협의회를 갖는다. 지구에는 지구장과 지구 부인부장, 지구 청년부장 등이 임원으로 있다. 즉, 협의회는 지구장, 지구 부인부장, 지구 청년부장 등과 블록장들이 참석해 지구 전체의 일과 각 블록 안의 사정을 보고하고 의논하는 자리다. 지구 위에는 지부가 있고, 지부 위에는 권, 본부, 방면 등의 조직 체계가 짜여 있는데, 각 조직은 전체 책임자인 장과 부인부장, 남성부장, 청년부장 등의 조직 구성원과 하위 조직의 장들이 모여서 협의회를 구성한다. 창가학회는 이처럼 잘 짜인 조직 시스템이 톱니바퀴처럼 돌아간다. 그러다 보니 더 큰 조직을 관장하는 상위 역직을 맡을수록 일이 많아지고, 바쁜 사람은 일주일에 사나흘씩 조직 활동에 참여한다.

여기서 주목할 것은 창가학회 신도들은 집에서 아침저녁으로 하는 근행과 창제뿐만 아니라 조직 활동을 자신의 사명으로 여긴다는 것이다. 삶에 사명이 있다는 것은 기쁨을 느끼고 자신을 성장시킬 동기를 마련해준다는 뜻이다.

창가학회 조직은 모두 사람으로 이어져 있다. 창가학회에는 한 지역에 오래 거주한 회원이 많기 때문에, 지역 사정에 밝은 이들이 높은 역직을 담당하면 회원들의 훌륭한 상담자 역할을 할 수 있다는 장점이 있다. 조직은 이들에게 끊임없이 상담을 하도록 요구하고 있으며, 그들 또한 그러한 요구에 따라 활동을 하고 있다. 직책이 높아질수록 보살펴야 할 사람이 많아지는데, 이것은 그만큼 책임자로서의 사명이 커졌고 해야 할 일이 많으며 그 직책에 맞는 사람으로 자신을 교육시켜야 한다는 것을 의미한다. 어떤 사람이 조직 구성원이 되었다면, 조직의 책임자는 그를 도와 그가 자신의 사명을 다할 수 있도록 지원해주어야 하는 것이다.

이는 창가학회 명예회장인 이케다가 회원들을 지도하는 핵심적인 내용이기도 하다. 그는 회원들에게 세상의 리더가 되어야 한다고 강조하는데, 창가학회의 회원들은 조직에서 자신이 맡은 일을 열심히 하는 것이 바로 스승의 가르침을 따르는 것이라고 믿고 있다. 이는 창가학회 회원을 조직에서 열심히 일하게 만드는 동력이 되고 있다.

한국 사람과 일본 사람의 의견이 달라서 꼭 서로 잘되도록 하기 위해서 먼저 양쪽의 의견을 듣고 나서 하니까, "제가 생각하기엔 이렇게 하는 게 좋겠다" 말을 할 수 있고, 그런 과정에서 제 자신이 연마가 되었던 것 같습니다. 제가 중요하게 생각하는 포인트를 가지고 있으니까 상대가 의견이 달라도 협력하고 싶다는 마음으로 변하는 것을 느낄 수 있었습니다. 처음엔 의견이 달라도 나중엔 서로 잘되도록 하는 게 창가학회를 통해 배운 훈련이었습니다.
〈오사카 07〉

직책에 따라 다르긴 하지만 일주일에 3~4회에 걸친 모임에 참석하고, 일반 회원들을 상대로 상담하기, 고충 들어주기, 잘 나오지 않는 회원 방문하기 등등, 이러한 조직 활동은 때로 피곤하고 힘들지만 다른 한편으로는 자기 만족감을 높여준다. 그들은 자신이 중요한 일을 하고 있고, 다른 사람에게 무엇인가를 주는 위치에 있으며, 실제로 그들을 지도하기도 한다는 데서 뿌듯함을 느낀다. 학교나 직장, 사회에서 별다른 모임에 참여해본 적이 없고, 두각을 나타낸 적도 없는 사람들이 창가학회 안에서 조직의 책임자가 되었을 때, 그리고 실제로 여러 가지 구체적인 일을 하느라 매일매일 바쁜 하루를 보낼 때, 그들은 피곤함을 넘어서서 사람과 사람을 잇는 감동을 느낀다고 이야기한다. 이는 삶의 보람으로도 이어진다. 입신 초기에 학력이 낮아 학회에서 나오는 서적을 잘 읽지 못했지만 모임에 참석하기 위해서 공부를 하는 동안 실력이 늘었다는 사람도 있었다.

제가 정식으로는 중학교밖에 나오지 못했잖아요? 중간에 그만두었기 때문에 일본 뉴스나 일본 책을 잘 읽지 못했습니다. 중학교 때도 한국말밖에 안했기 때문에 한자 단어가 어려웠거든요. 하지만 재미있는 이야기를 들으면 뭔가 있는가 보다 하고 열심히 가르쳐달라고 해서 공부를 했기 때문에 읽을 수 있게 되었습니다. 지금은 사람 앞에서도 이야기할 수 있게 되었지만 전에는 사람 앞에서는 전혀 이야기를 하지 못하는 사람이었습니다, 제가. 〈오사카02〉

힘들 때 이케다 선생님께서 여러 책과 물론 신문도 포함해서 부인부에게 자주 시를 주시잖습니까? 그걸 읽으면 다시 기운이 나서 '힘을 내야지' 하는 마음이 생깁니다. 그래서 어떤 힘든 경우에도 상황에 지지 않았습니다. 역시 선생님께서 제 일에 대해서 기도해주신다는 생각을 합니다. 〈오사카 06〉

〈오사카 05〉는 재일한국인 2세로 오사카 이쿠노 구에 거주하며 젊은 시절부터 내내 도장(塗裝) 기술업을 해온 중소기업 운영자다. 60세가 된 그의 손마디에는 오랜 세월 기계를 만지며 노동한 세월이 묻어 있었다. 그는 창가학회 조직 내에서는 지부장 역직을 맡고 있다. 필자가 그에게 무엇을 할 때 가장 즐거운지 묻자 그는 망설임 없이 창가학회 활동이라고 대답했다.

> 창가학회 활동에 시간이 많이 들어가지만 시간을 많이 들여도 즐겁지요. 특히 전 냉담해진 신자들을 찾아가 그들의 이야기를 들어줍니다. 사람 이야기를 들을 때는 정리를 해줘야 해요. 고민이 많은 사람에게 여러 사람이 여러 가지 이야기를 중첩하면 혼란스럽게 되니까요. 자기 식대로 정답을 찾게 해줘야 해요. 인생 상담이죠. 충고해주는 때보다는 들어주는 때가 더 많아요.
> 〈오사카 05〉

그는 작은 기업을 운영하면서 생계를 꾸려왔다. 하지만 가장 즐거운 일을 묻는 질문에는 지부장으로서 지역 내에서 창가학회 회원들을 만나 이야기를 듣고 상담한 것을 내세웠다. 그는 사실 전혀 알지 못하는 사람들을 절복하는 데는 크게 관심을 갖고 있지 않았다. 그 대신에 자신이 관리하는 지부에서 상담이 필요한 사람들을 만나 그들의 가정사 등 회원들의 사정을 듣는 일에 행복을 느꼈다.

〈도쿄 11〉 역시 청년부 활동을 통해서 사람들을 만나고 상담하는 데서 큰 기쁨을 느꼈다. 그는 창가대학을 나오고 도쿄에서 한국계 회사의 일본 지사에 근무하고 있는데, 절복을 시킨 후배나 같이 활동하는 후배들이 자신을 선배로 여기고 지도를 받으려고 하는 모습에서 자신의 존재감을 확인할 수 있었다고 했다. 그는 좋은 선배를 가진 후배는 갈등의 시기를 잘 넘기고 성실하게 신앙생활을 하며, 그러한 경험은 그들이 이끄는 후배들에게도 이어진다고 믿는다. 그는 도다 회장과 이케다 회장 사이에 맺어진 좋은 관계를 모범으로 삼아 자신도 선후배 사이를 그처럼 만들려 한다고 말했다.

이처럼 그들은 창가학회 조직 안에서 역직을 맡아 그 역직에 해당하는 역할을 수행하면서 삶의 태도가 더 적극적으로 바뀌었다. 역직 활동을 통해 인간과 인간이 잘 만날 수 있는 마음의 수행을 한 것이다. 역직은 때로 사회적·대외적 지위를 가져본 적이 없는 사람들에게 커다란 명예가 되기도 한다. 또한 사회나 직장의 높은 지위에서 사람들을 통솔해본 경험이 없는 사람들에게는 커다란 인생 경험이자 공부가 되기도 한다.

현대 개신교 신도나 가톨릭 신도 중에는 오랫동안 교회나 성당에 나가지 않고 신도로서의 생활을 하지 않는 사람이 점차 증가하고 있다. 이러한 신도가 날로 늘어나는 것이 세계적인 추세이고, 유럽과 미국의 교회에서는 그 경향이 급속히 확산되고 있다.

창가학회에도 물론 야스미(休み) 회원(활동을 쉬고 있는 회원)이 있다. 필자가 만난 구술자 중에는 조직에 속해 있지만 모임에 잘 나오지 않는 회원이 전체의 3분의 1 정도 된다고 말한 사람도 있다. 〈도쿄 11〉도 "70명 있는데 실제 활동 하는 사람이 20명 정도입니다. 잘 안 나오는 사람은 그 사람 집에 찾아가서 만나거나 전화를 하는데, 못 만나는 경우도 많습니다. 다 바쁘니까. 그러면 어떻게 지내냐고 편지를 씁니다"라고 했다. 조직 모임에 나오지 않는 회원들과 지속적으로 관계를 맺고 있으면 그들이 심신에 문제가 생겼을 때 다시 나오게 할 수 있다. 역직을 맡은 간부들의 가장 중요한 임무는 활동을 하지 않는 회원들을 다시 활동하도록 만드는 것이 아닐까 생각된다.

그런데 문제는 창가학회에서는 자신이 원한다고 해서 역직을 맡는 것이 아니라는 점이다. 창가학회 조직의 특징 중 하나는 역직을 담당할 사람을 결정하는 과정이 선출제가 아닌 합의제라는 것이다. 이 일은 기본적으로 추천을 거쳐 위원회가 결정하는 방식을 택한다. 물론 공명당은 일본 정치판에서 선거를 통해 모든 일을 수행한다. 하지만 그것은 기존 제도에 따르는 것이고, 적어도 창가학회 내부 조직을 구성할 때 담당 간부들의 선발은 상부 인사위원회에서 이루어진다.

리더를 정하는 것은 선거 아닌 게 좋아요. 종교 단체니까, 선거를 한다면 정치적인 문제가 발생하겠죠. 선거로 고른다면 조직이 깨져버릴 수 있으니까요. 회원 90퍼센트가 거의 직장을 가지고 있는데 선거를 통해서 한다면 노는 사람들이 돈을 써가면서 선거에서 이기려고 공을 들일 수 있잖아요. 그렇게 하는 것보다는 지금처럼 위원회에서 책임자를 정하는 편이 좋다고 생각해요. 〈고베 08〉

창가학회 조직이 리더를 발굴하고 배치하는 방식은 그리스 시대의 민주주의와 비슷하다. 오늘날 우리가 정당하다고 생각하는 선거 방식의 여러 폐해에도 정치적인 관행이 수많은 단체에서 그대로 재현되고 있는데, 창가학회는 이러한 선거 관행을 보기 좋게 무시하고 나름의 민주주의 방식을 선택하고 있는 것이 아닌가 하는 생각이 든다.

얼마 전 한국 개신교의 최대 교단이었던 한국기독교총연합회에서 총회장을 선출하는 선거가 있었다. 그때 후보자 중 한 목사가 총회 참석자들에게 돈 봉투를 돌려 표를 사들이고, 그런 매표 행위가 폭로되었는데도 뻔뻔스럽게 회장으로 행세하는 것을 보았다. 한국 감리교단에서도 대표자인 감독을 선출하는 선거 때문에 대립과 갈등이 심해져서 몇 년째 교단의 모든 중요한 일처리가 중단되는 사태가 계속되었다. 이러한 한국 개신교의 권력 다툼을 보면서 환멸을 느끼는 사람들이라면, 쓸데없는 인간관계의 소모전을 줄일 수 있다는 점에서 임기가 없고 간접적으로 지도자를 선발하는 창가학회의 리더 선출 방식을 눈여겨볼 필요가 있다.

혹자는 창가학회의 역직은 모두 무보수라 그러한 제도가 가능하다고 생각할 수도 있다. 그러나 무보수의 직책이라도 사람들의 존경을 받는 자리라는 점에서 회원들에게는 선망의 자리일 수 있다. 그러나 그 자리는 인기 있는 사람이 아닌 지도자가 될 만한 사람을 추대하는 것으로 채워진다. 지도자가 될 만한 사람이라는 준거는 수치로 나타나는 선거 결과가 아니라, 창가학회 공동체 내부의 보이지 않는 합의에 의해 만들어지는 것이다. 이는 매우 정교한 합의 체제 없이는 유지되기 어려운 것이다.

창가학회 조직에서 역직을 맡고 있는 회원들은 평범한 회원들과 비교해 매우 바쁜 생활을 한다.

해야 하는 일이 많아서 책임자로서 활동하기가 힘들 때가 있어도 회원들의 이야기를 듣고 충고를 해주고 나면 보람이 있어요. 물론 책임자로서 활동을 하게 되면 잠을 자는 시간이 (하루 평균) 4~5시간 정도, 집에 돌아가면 새벽 2~3시가 되요. 새벽 5시에 일어나서 제목을 올리고 근행하고 아침밥을 먹고 오전 7시 좀 지나면 집에서 나와 직장에 갑니다. 퇴근해서 오후 6시에 집에 돌아가서 저녁 먹고 다시 나와요. 매일 그래요. 일하는 시간이 길기도 하지만, 일하고 난 다음에 창가학회 활동을 하니까 친구를 만날 시간은 1년에 한 번 정도예요. 일과가 많고 아이들도 아르바이트하러 가버리고 하니까 가족들도 잘 만나지 못해요. 〈고베 06〉

전에 활동했던 남자부는 활동 시간이 깁니다. 밤에 늦게 활동합니다. 여자부와 소년부는 일찍 활동하고 오후 7시 정도면 끝나게 됩니다만, 남자부는 오후 9시부터 시작해서 밤 11시까지. 그 시간 후부터 책임자들의 활동이 시작됩니다. 자고 싶어서 죽을 지경까지 될 때도 있습니다. 회합이 끝나면 후배를 데리고 가서 이야기도 듣고 고충에 대해서 상담도 하고 해야 하니까 저는 그때는 아이들 얼굴도 보지 못했습니다. 〈오사카 07〉

매일 바빠요. 저는 직업이 있는데 일이 끝나면 매일 저녁에 곧장 학회 활동을 합니다. 목요일과 일요일이 직장을 쉬는 날인데, 그날도 부인부는 아침부터 저녁까지 회의가 있기 때문에 집에 가는 것이 늦어요. 집안일은 거의 못합니다. 집안일은 딸들이 셋이라 맡깁니다. 그 대신에 시간이 갑자기 날 때가 있잖아요, 몇 시간만이라도. 그럴 때는 바로 집안일을 합니다. 〈도쿄 08〉

학회 활동은 밤에 합니다. 지구 부인부장을 맡게 해주셔서 거의 매일 활동을 해요. 사실은 평소에도 집에 계시면서 계속 제목을 올리는 분이 많이 있어요. 정말 저도 일하지 않았더라면 부인부원들의 자잘한 일을 봐주거나 학회 활동을 더 열심히 할 수 있었겠지요. 일 때문에 낮에는 좀처럼 움직일 수 없어서 학회 활동은 대부분 밤에만 해요.

직장을 다니면서 육아와 살림을 하려면 힘들어요. 그래서 여러 가지 일을 하는 순서를 정해두었어요. 예를 들면 아침에는 집 안 청소를 모두 해버리고 출근하고, 퇴근해서 집에 돌아오면 아이들에게 밥을 먹이고 저는 학회 활동을 하러 갑니다. 〈오사카 09〉

〈고베 06〉과 〈오사카 07〉은 모두 활발하게 활동하는 40대 남성이다. 그들은 직장생활 이외의 대부분의 시간을 조직 활동에 쏟아붓고 있다. 정기적인 모임을 주재하는 것뿐만 아니라 모임에 잘 나오지 않는 회원들에게 연락하고, 때로는 가정방문을 하거나 장소를 정해 만나 상담을 한다. 대개의 경우 회원의 고민을 들어주는 역할을 한다. 그러다 보니 귀가 시간이 늦어지고 두 사람 모두 가족 식탁에 둘러앉아 식사하는 경우가 드물다. 그리고 아내와 아이들을 만나서 이야기를 나누는 시간도 크게 부족하다.

창가학회 회원 중 가정주부의 경우에는 주로 낮 시간에 모임을 갖고, 때로는 칸나회에 들어가 신문 배달 봉사를 하는 식으로 활동을 한다. 직장 여성의 경우 회사 업무를 하고 난 다음에 집에 돌아와서 가사까지 책임지기 때문에 더 바쁘다고 할 수 있다. 〈도쿄 08〉과 〈오사카 09〉는 직장일도 해야 하고 가족도 돌보아야 한다. 그들처럼 직장 일에, 가사에, 자녀 교육까지 맡고 있는 여성들은 창가학회 활동을 언제 하는 것일까?

창가학회 회원들은 남성과 여성 그리고 아이가 제각기 남자부, 여자부, 장년부, 부인부, 미래부 등에 속해 조직 활동을 하게 된다. 지역 단위의 부녀회는 오전 또는 오후에 모임을 가지며 장년부, 청년부 등의 조직은 저녁 식사 후에 모임을 갖는다. 가족이 모두 모여서 활동하는 경우는 거의 없으며, 가족 단위로 함께 식사를 하고 놀러 가는 일도 어렵다. 그런데 이러한 생활이 반복되면 혹시 가정생활에 문제가 생기지는 않을까 우려가 된다. 그런데 필자와 면담한 대부분의 창가학회 회원은 그로 인해 문제가 발생하지는 않는다고 했다. 가족 모두 창가학회 활동을 하면 가족 간의 정신적인 결속이 강해지는 것으로 보였다.

저희 집 남편은 제가 활동을 하는 게 좋대요. 밝고 건강해서 좋다고 해요. 집에 있으면 화를 내게 될 때가 있잖아요. 창가학회에 가거나 절복을 하고 오면 기분이 좋아 보인다고요. 아이들도 엄마가 건강하면 늦어도 좋다고 합니다. 마음속으로 남편과 아이들이 있어서 학회 활동도 할 수 있다고, 저도 고

맙게 생각하고 있어요. 〈도쿄 08〉

물론 창가학회 조직 활동을 힘겨워하는 경우도 있었다.

솔직히 스트레스가 쌓입니다. 잘 수 있는 시간에 빨리 자면 좋겠는데 한국
드라마가 보고 싶어져 보기도 합니다. 그래서 저희 남편이 화를 냅니다. 뭘
생각하는 거냐고. 하지만 그게 스트레스를 덜어주니까 자꾸 보게 됩니다.
〈오사카 09〉

〈오사카 09〉는 자신이 능력의 한계를 느끼지만 어떻게 해야 할지 판단
하기 어려운 상황을 겪고 있었다. 필자가 만났던 재일한국인 신도 중 중장
년층에 속하는 40~50대 회원 대부분은 창가학회 조직이 자신에게 부여한
역직을 성실하게 수행하고 있었다. 그리고 직장생활과 가정생활, 그리고
학회 활동을 병행하느라 무척 바쁘게 살고 있었다. 이는 그들의 배우자나
다른 가족 구성원들이 그들이 현재 어디에서 어떤 활동을 하고 있는지 짐
작할 수 있다는 이야기이기도 하다. 현대 사회의 가족 공동체는 모양만 공
동체인 경우가 많다. 서로 소통하고 싶어 하지만 어떻게 대화를 해야 할지
방법은 물론, 무엇을 이야기해야 할지 주제를 잡기도 어렵다. 또한 각자 학
교와 직장으로 나가면서 생활 패턴이 다르고, 세대 간 가치관의 차이로 함
께 살아도 심적인 거리는 멀다. 그러나 어떤 종교가 가족 구성원을 결속시
키고 있다면, 각각 다른 공간 속에 있어도 이 가족은 함께 있다고 느낄 수
있다. 종교가 가족의 구심점 역할을 하는 것이다.

창가학회 회원들은 가족이 함께하는 시간이 부족해 보일 정도로 자신이
속한 조직 생활에 시간을 투자하고 있지만, 가족 모두 회원일 경우 그들의

결속은 매우 단단하다. 이는 매일 아침저녁으로 행하는 근행과 제목이 가정의 의례가 됨으로써 가족 또한 조직 공동체의 역할을 하며, 가족 구성원들 간의 결속이 안정되는 것으로 이해할 수 있다.

7. 1년에 한 번 하는 재무

1999년 12월 필자가 창가학회를 처음 방문했을 때, 함께 종교 연구를 하던 동료 교수가 말했다. "창가학회가 돈이 엄청나게 많다고 하네. 특히 재무(財務), 회원들이 1년에 한 번 엄청나게 재무를 한다는데 거기에 비밀이 있을 거야. 무엇인지 잘 살펴보고 와." 어느 종교에서나 가장 문제가 되는 것이자 베일에 싸여 있는 것이 재정 문제다. 특히 신종교일수록 신도들이 낸 돈을 교주가 부적절하게 사용하다가 들통이 나는 경우가 많아서, 종교 단체가 재정을 어떻게 처리하는지에 관한 문제는 종종 사람들의 관심을 끌곤 한다.

개신교에서는 예배를 볼 때마다 헌금을 하는 것이 원칙이다. 그래서 아예 예배 순서에 헌금 시간이 배정되어 있다. 옛날에 농부나 목축을 하는 사람이 직접 농사지은 곡식이나 사육한 동물 등의 제물을 신에게 바치던 관행이 오늘날 현금으로 바뀐 것이리라. 그런 점에서 볼 때 헌금 행위는 자신이 신으로부터 받은 은혜의 일부를 다시 신에게 바치는 마음의 표현인 것이다. 그런데 개신교에서는 예배 때마다 내는 헌금 이외에도 십일조(十一租)라는 것이 있다. 수입의 10분의 1을 한 달에 한 번씩 바치도록 하는 것이다. 게다가 생일 감사, 자식 합격 감사 등의 명목으로 비정기적으로 헌금을 받기도 한다. 이 중 가장 큰 문제가 되는 것이 건축 헌금이다. 한국의 교회 건축물이 짧은 기간 동안 엄청나게 늘어날 수 있었던 것은 건축 헌금을 통해서였다. 카톨릭에서도 매주 미사 때마다 헌금을 하고, 또 가족 단위로 한 달에 한 번 정액 헌금을 내게 되어 있다. 불교 또한 부처님 오신 날 절 마당을 아름답게 장식하는 등은 신도들의 돈이 들어간 것이다. 신도들은 자신들이 속해 있는 종교 단체에 돈을 기부하는 것을 당연한 의무로 여긴 다. 그러나 개신교나 가톨릭교, 불교에서 신도들이 내는 헌금에 대해서는 관심을 갖지 않던 사람들이 신종교라고 일컬어지는 종교 단체에 관해서는 신도들의 헌금을 얼마나 하는가, 그 단체는 그 돈을 어떻게 사용하는가에 촉각을 세운다.

창가학회 회원들도 헌금을 한다. 그것을 재무라고 부르며, 해마다 11월 에 날짜를 정해서 1년에 한 번만 헌금한다. 창가학회 신도들이 내는 헌금 은 그러나 다른 종교에서 신에게 바치는 헌금과는 성격이 다르다. 절복대 행진을 하던 초창기에는 회원 중에서 재정적으로 여유가 있는 사람들을 재 무위원으로 임명해 그들에게만 재정 부담을 지게 했을 뿐, 일반 회원에게 는 돈을 걷지 않았다. 그래서 스스로 '헌금함이 없는 종교'라고 불렀다.

창가학회는 초기부터 가난한 사람들이 신도가 되었다. 그랬던 중요한 이 유 중 하나는 돈이 들지 않았기 때문이다. 신사에 가거나 절에 가면 언제나 적지 않은 돈이 들었다. 시주뿐만 아니라 장례 법요는 물론이고 승려에게 여러 가지 의식을 집행해달라고 부탁할 때마다 언제나 돈을 내야 했다. 신 사에서도 마찬가지였다. 부적을 산다든가 귀신을 물리치고 아이들에게 복 을 빌어달라고 할 때도 만만치 않게 돈이 들었다. 하지만 창가학회에서는 이러한 것이 없었다. 이것은 중요한 것이었다. 돈을 요구하지 않는 종교, 돈을 내지 않고도 자신이 갖고 있는 종교적인 의문에 해답을 주는 종교는 너무도 반가운 존재였다.

물론 그동안 문제도 많았다. 특히 일런정종 본부 대석사(大石寺)에 정본당(正本堂)을 건립하면서 등장했던 '특별 재무'는 재무위원에게 한정하지 않고 모든 회원이 참여하게 했는데, 회원들 사이에서 경쟁적으로 돈을 내는 분위기가 형성되었다. 또한 일련정종 사찰의 기진(寄進), 창가대학 건립, 문화회관 건설 등의 명목으로 특별 재무가 이어지면서 재무부원은 광포부원(廣布部員)으로 명칭이 바뀌었고, 일반 회원 누구나 참여할 수 있도록 바뀌었다. 이에 회원들의 부담이 커졌고, 이를 비판하는 목소리도 높아지면서 창가학회를 탈퇴하는 자들도 늘어갔다. 그러나 일련정종과 결별한 이후에는 현재와 같이 일반 재무를 1년에 한 차례 하는 방식으로 정착되어 갔다.

필자가 만난 창가학회 회원들은 대개 재무를 그리 심각하게 생각하지 않고 형편이 되는 대로 한다고 했다. 가난할 때는 1만 엔만 했다가 형편이 좋아지면서 10만 엔 넘게 하게 되었다는 사람도 있지만, 〈오사카 06〉처럼 "그때그때 다릅니다. 조금밖에 못할 때는 조금만 하고. 역시 환경이 바뀌면 돈도 따르게 되어 있어요. 지금은 힘들지 않아요"라고 애매하게 대답한 이도 많았다. 재무를 하기 위해 어떤 방법을 쓰는지는 다음과 같은 답변에서 알 수 있다.

（재무를 하기 위해서 돈을) 1년 동안 모을 때도 있고 그때그때 할 때도 있고요. 경우에 따라서. 전에는 저금을 했어요. 매달 몇 만 엔씩 모아서 재무를 했어요. 어린아이 4명이 사립학교를 다녀서, 그 애들이 어릴 때는 돈이 필요할 때도 있고, 저금을 못하고 할 때는 그해엔 남편과 의논해서 이 정도만 내야지 하지요. 많이 못 낼 때도 있어요. 〈도쿄 08〉

한편 재무를 다른 종교의 헌금처럼 심각하게 생각하는 회원들도 있었다.

〈도쿄 07〉은 '재무의 체험'이라는 표현을 사용했다.

　　언젠가 재무 날짜가 다가왔는데 돈이 없었어요. 저는 재무를 하고 싶어서 '그날까지 돈을 벌어서 재무를 하게 해주십시오'라고 제목을 올렸어요. 아르바이트를 해서 돈을 벌게 해달라고 했는데 일이 생겼어요. 그래서 원하던 금액을 하루에 딱 받아서 재무를 할 수 있게 되었지요. 믿기 어려운 그 체험이 있고 난 후에, 지금은 이 정도만 하지만 내가 만일 결혼을 하면 3만 엔 이상 재무를 하겠다고 다짐을 하고 결혼을 했는데 신심이 약해진 것인지 돈이 아까운 생각이 들었어요. 그러자 제가 힘든 일을 겪게 되었어요. 그런 체험을 하고 나서 제가 많이 바뀌었죠. 이제는 재무를 잘하려고 노력하죠. 재무의 힘을 이제 조금 알죠. 〈도쿄 07〉

　〈도쿄 07〉의 재무에 대한 생각에는 절에 내는 시주, 개신교의 헌금과 마찬가지로 기복의 의미가 담겨 있었다.

　1년에 한 번, 11월이 되면 3일간의 재무 날짜가 정해지는데, 이때 회원들은 자신이 준비한 돈을 봉투에 넣어 지역 문화회관에 낸다. 그러나 은행 시스템이 좋아진 근래에는 직접 가져가서 내는 대신 대부분 온라인 송금을 한다. 누가 얼마를 내는지 서로 알 수 없고, 창가학회 본부나 회관에서도 회원들의 재무금 액수를 다른 회원들에게 알리지 않는다. 회원이 낸 재무금은 중앙 본부에 모두 모이는데, 중앙 본부는 필요한 예산을 세우고 사용처를 결정해 재정을 배정하게 된다. 이를 위해서 중앙 본부에서는 각 지역 회관별로 필요한 1년 예산을 세우도록 하고, 그것을 전부 모아서 계획을 수립한 다음에 기본 경비를 지출해 필요하다고 생각되는 부분에 돈을 쓴다.

1년에 한 번, 정해진 날에 가족의 이름으로 돈을 기부하는 창가학회의 재무는 이 종교를 비판하는 사람들로부터 표적의 대상이 되어왔지만, 정작 회원들은 재무 부담을 크게 느끼지 않는 편이다. 특히 개신교와 가톨릭 교회에서 새로운 예배당을 건축할 때마다 헌금을 거두어 신도들에게 부담을 지우는 방식은 찾아볼 수 없었는데, 이는 재무가 각 지역의 문화회관이 아닌 중앙 본부로 모이기 때문에 가능한 일이었다.

　　창가학회의 재정과 조직의 구성 및 운영에 관한 자세한 분석은 이 책의 주제가 아니기 때문에 더 이상 논의할 생각은 없다. 다만 창가학회 조직이 지나치게 위계 서열에 의해 피라미드식으로 움직인다는 비판은 조직의 재정 흐름과 밀접한 관련이 있을 것이라고 생각된다. 그러나 창가학회 조직의 재정 흐름은 재무를 둘러싼 지역 문화회관 간, 회원 간의 경쟁을 막아 부익부 빈익빈 현상을 방지하는 기능을 한다. 재무의 중앙 집중 방식은 회원들이 재무를 낼 수 있는 만큼 내도록 한 장치였고, 회원들은 본부의 관리 능력에 대해 믿음을 갖고 있었다.

제 6 장

공명당과 선거 지원 활동

1. 정치 차원에서의 종교 실천

일본 매스컴에서 창가학회에 관한 보도를 할 때 가장 큰 비중을 차지하는 것이 공명당을 중심으로 한 정치 활동이다. 창가학회는 일본 내 다른 종교 단체들과 달리 공명당이라는 정당을 만들어 성공적으로 의회에 진출했고, 오랫동안 제3당으로서 자기 위치를 확실하게 다졌을 뿐만 아니라, 지난 10년 동안 자민당의 제안을 받아들여 연립여당으로 정치권력을 행사하는 위치에 있었다. 공명당이 이처럼 활발하게 정계에서 활약할 수 있었던 배경에는 무엇보다도 창가학회 회원들의 절대적인 지지가 있었다. 창가학회 신도는 대부분 공명당에 투표할 뿐만 아니라 지지표를 모으는 이른바 선거 지원 활동도 활발히 했다. 이로 인해 대중과의 접촉도 많아졌고 관심도 높아졌지만 동시에 비난이 쏟아지기도 했다.

창가학회는 왜 초기 활동 시기부터 정치에 참여했으며, 지금까지 줄곧 정치 참여 방침을 유지하고 있는가. 그것은 창가학회의 제2대 회장인 도다가 생각했던 종교의 참모습이기 때문이다. 도다가 회원들에게 제시한 신앙의 첫걸음은 근행과 남묘호렌게쿄라는 제목을 열심히 봉창하면서 생명과 우주 삼라만상이 깊이 이어져 있다는 깨달음을 얻는 것이었다. 맑아진 마음으로 생명의 기쁨을 느끼며 법화경의 진리를 따라 살고자 노력하면 인생의 성취감을 맛볼 수 있다고 보았다. 그리고 다음 단계로 주위 사람들에게 적극적으로 절복 활동을 하도록 권장했다. 이것은 자신이 느낀 기쁨을 주위에 나누어 주는 것인 동시에 스스로 공덕을 쌓는 길이었다. 창가학회 공동체는 이러한 방식으로 형성되었다.

도다는 세 번째 단계로 정치 활동까지 제시했다. 도다는 이 사회가 행복해지려면 정치가 제대로 이루어져야 하는데, 그동안 정치가들의 행태를 보면 사리사욕을 채우기 위해 권력 쟁탈에 전념할 뿐이고 각 정당은 그런 정치 패거리들의 집단에 지나지 않는다고 보았다. 도다는 부패한 정치 때문에 항상 민중의 삶이 희생당한다고 여기면서 민중의 분노에 동참하고 있었다. 그가 창가학회 회원들에게 사회적 차원에서 자신들의 교리를 실천하는 방안으로 제시한 것이 왕불명합(王佛冥合)의 교리였다.

왕불명합은 창가학회의 운동을 뒷받침하는 이론적 근거다. 왕불명합은 도다 회장이 만든 말로서, 종교의 원리가 정치 차원에서 실현되는 것을 의미한다. 즉, 창가학회의 불법이 왕법(王法)을 지도한다는 뜻으로, 그 교의의 실현 수단으로서 종교 정당인 공명당을 결성했다. 따라서 공명당은 당강령인 왕불명합을 기본 이념으로 한 종교 정당이며, 왕불명합은 공명당을 떠받치는 이념이라고 할 수 있다(백승헌, 2000: 45). 이처럼 창가학회는 정치적 지향성이 강한 운동체이고, 정계 진출은 이 단체의 자연스러운 발전 과정이었다.

도다가 이렇게 정치적 차원에서의 실천을 강조한 배경에는 니치렌의 가르침이 있었다. 니치렌의 활동도 종교적 범주 안에서는 절복을 하고 타 종파를 비판하는 활동이 주를 이루었지만, 밖으로는 국가권력을 장악한 사람들에게 정치 개혁과 사회 개혁을 적극 제안하는 것이었다. 물론 가마쿠라 막부 시대에 정치와 사회에 대한 니치렌의 발언은 받아들여지지 않았고 오히려 탄압의 빌미로 작용했다. 니치렌의 가르침은 열심히 염불을 외우면서 극락왕생을 바라는 정토진종 같은 염불종 교파들과 달랐다. 특히 현세에서의 적극적인 생명 실천 활동을 강조했다.

공명당의 정치 운동을 분석한 백승헌은 "일본 종교 가운데 국가를 항상 의식하면서 종교적 원리에 비추어 압제자에 대해서 항쟁을 시도했던 것이 일련정종이었다. …… 과거 군국주의 체제하에서 창가학회는 국가를 조직

된 악이라고 단정, 치열한 저항을 시도했다"(백승헌, 2000: 25)고 긍정적으로 평가했다. 이러한 점은 근대사회로 넘어온 뒤에도 니치렌의 가르침을 계승한 일련계(日蓮系) 교단들이 모두 행동적이고 적극적이었다는 점에서도 잘 드러난다. 국수주의적인 성향으로 유명한 국주회(國柱會)를 비롯해, 국립계단(國立戒壇)의 건립을 적극 주장하면서 창가학회와 대립각을 세우는 후지대석사현정회(富士大石寺顯正會), 그리고 신종교 중에서는 입정교성회가 대표적이다. 그런데 니치렌의 가르침을 계승한 이들 교단 중 정치적으로 성공을 거둔 단체는 없었다. 그런 점에서 창가학회는 매우 특별한 역사적 지위를 갖고 있다.

창가학회는 공명정치연맹을 결성하고 정치에 뛰어든 이유를 공식적으로는 국립계단의 건립이라고 밝혔다. 계단(戒壇)이란 승려가 되는 절차인 수계(受戒)를 받는 성스러운 장소 또는 본존을 모셔놓은 장소를 의미하는데, 이것을 국립으로 한다는 것은 국가권력을 일련정종·창가학회가 장악해야 한다는 의미이며, 이는 일련정종·창가학회가 정치권력을 장악하는 세상이 오게 만드는 것을 뜻한다. 중세 시대에는 왕불명합을 목표로 건설된 단체가 어떤 방식으로 일을 진행했을까. 아마도 왕정이라면 왕으로 하여금 법화경의 진리를 선포하도록 하는 길을 걸었을 것이다. 그리고 왕을 중심으로 정부 관리와 법화경 행자들이 정치를 폈을 것이다. 국립계단이란 바로 그런 것을 말하는 것이다.

이 때문에 일본 사람들은 창가학회가 정치권력을 장악해서 그들의 종교적 이념을 대중에게 강요할지도 모른다고 생각했다. 이러한 의심과 걱정에는 나름 타당한 역사적 이유가 있다. 가깝게는 근대 국가가 출범한 이래 신도(神道)가 천황과 연결되고 국가 종교화하면서, 신도에 의한 국민통합 방침이 관철되고 전 국민에게 신사참배가 강요된 경험이 있다. 고대와 중세에는 왕이 특정 종교를 믿고 그것을 국가 종교로 선포하면 국민 모두 그 종교를 받아들여야 했다. 믿기 싫어도 따라야 하는 것이 지배자의 종교였고, 동시에 다른 종교를 믿는 자유는 박탈당했다. 에도 시대 내내 기독교가 그러한 박해를 받았다.

하지만 도다는 천황을 신도로 만들면 국립계단이 세워지지 않겠느냐는 질문에 "중세의 방식으로는 불가능하다. 위로부터 아래로 일방적으로 강요하는 방식이 아니라 광선유포를 통해서 대중의 마음속에 불법의 진리를 심어주어야 한다. 동시에 진정한 민중의 대표들을 의원으로 당선시켜 국회에 보내 민중을 위한 정책을 펴도록 해야 한다"고 주장했다. 민주주의 사회에서의 국립계단 건립은 의회 민주주의 정치를 통해서 실현해야 한다는 것이었다.

1954년 도다는 절복대행진이 궤도에 오르자 창가학회 조직의 한 부서로 문화부를 설치했다. 문화부는 정계 진출을 준비하는 부서였다.[1] 이때의 준비 과정에 대해 이케다는 『인간혁명』에 다음과 같이 묘사했다.

도다 조세이는 하라야마 통감부장에게 전국 학회원의 상세한 분포도를 작성하도록 했다. 도쿄 도를 중심으로 한 간토 지방이 가장 색깔이 짙었다. 그리고 도호쿠 지방의 센다이와 아키타, 홋카이도의 하코다테, 간사이의 사카이, 규슈의 야메 등은 학회원이 비교적 밀집한 지대임이 판명되었다. 그는 지

---

1 도다의 종교적 구상은 처음부터 인류의 문화 활동 전반으로 향하고 있었다. 그것은 인간주의, 중도주의(中道主義)라는 니치렌의 불법을 실천하는 과정에서 필연적인 전개였다. 그것을 실천하는 단체로서 창가학회가 만들어졌고, 창가학회는 계층이나 직업·연령에 제한이 없는 사회의 구성 자체였다. 따라서 문화부의 활동은 정치 분야에 한정하지 않고, 사회의 각 분야에서 좀 더 광범하게 이루어지도록 의도했던 것이다(이케다, 1996, 제9권: 138).

난번 전국 통일지방선거의 상세한 데이터를 수집해 학회원의 분포도와 대조해보았다. …… 전국의 수십 개소에 걸쳐 동그라미가 쳐졌다. 동그라미를 표한 지역은 그곳에서 만약 학회원 가운데 적당한 인물이 지방선거에 입후보하고, 그 인물을 위해 그 지역 학회원이 응원한다면 용이하게 당선권에 들어갈 가능성을 갖고 있는 곳을 말했다. 이러한 지역이 어느새 만들어지고 있었던 것이다(이케다, 1996, 제9권: 138).

근대 국가가 출범한 이후의 일본 사회에서는 종교 단체가 공개적으로 정치에 참여한 것 자체가 매우 예외적인 일이었다. 창가학회가 1950년대 중반 지방선거에 참여해 돌풍을 일으켰을 때, 그리고 그다음 중의원 선거에서 많은 회원이 당선되었을 때 정치계의 반응은 엄청났다. 아주 강력한 경쟁자가 등장했기 때문이다. 일본 사회는 이 종교 집단의 빠른 성장과 정계 진출을 어떻게 이해해야 할지, 또 어떻게 받아들여야 할지 판단하기 어려워했다. 그로 인해 절복대행진이 시작된 1950년대에는 신도를 빼앗길지도 모른다고 우려한 타 종교 집단이 직접적인 이해관계가 걸려 있었기 때문에 가장 먼저 방어 자세를 취했고, 이어서 각 정당을 비롯한 여러 정치 세력들이 창가학회에 비판적인 태도를 보이자 이들과 관련을 맺고 있는 언론이 공격적인 논조를 형성했다. 언론이 스스로 판단해서 적극적으로 사태를 정확하고 객관적으로 파악하려고 노력한 경우는 매우 드물었다.

1945년 제2차 세계대전 패전 이후 전개된 일본 사회의 정치 상황은 미군정하에서 성립된 평화 헌법과 삼권 분립에 기초한 내각 중심제 정부가 국가를 이끄는 한편, 국민에게는 오직 중의원, 참의원 그리고 지방의회 의원을 투표를 통해 선출하는 권한만 있었다. 이 같은 상황을 깊이 생각했던 도다는 현대 일본 사회에서의 왕명합일을 실현하는 방안으로 정당을 구성해 정계에 진출하기로 결정했고 실천에 옮겼다. 도다의 생각을 이어받은 이케다 회장과 간부들은 공명당을 발전시켜나갔다. 그러나 도중에 발생한 언론출판 방해사건 때문에 사회적 압력에 처하자 하는 수 없이 국립계단 구상을 포기하고, 철저한 정교 분리를 실천하겠다고 발표하게 되었다. 이것은 애매하고 어정쩡한 타협안이었다. 국립계단을 포기한다는 것은 창가학회의 종교적인 사회 구상을 정치적 차원에서 실현하는 것을 포기한다는 말이 된다. 그러나 공명당은 정치에서 완전히 물러나지 않고 중도주의를 표방한 야당으로 제3당의 위상을 지키면서 균형추 역할을 담당했고, 또 지난 10년간 자민당과 손을 잡고 여당으로 지내기도 했다. 2009년부터는 민주당에 정권을 내주고 자·공 연합은 해체되었다.

2. 선거 지원 활동

일본의 창가학회 회원은 대부분 공명당을 지지한다고 알려져 있다. 이들은 단순한 지지에서 그치지 않고 선거 때마다 지인들에게 투표를 부탁하는 등 각종 지원 활동을 한다. 창가학회 회원들은 자신이 거주하는 지역구에 출마하는 공명당 후보의 선거 지원 활동을 열심히 한다. 다른 정치 세력이 볼 때 선거 활동을 무보수로 하는 창가학회 회원들의 행동은 이해하기 어려운 것이다. 아무리 자신이 속한 종교 단체가 만든 정당이고, 회원 간 지지 의견을 모았다고 하더라도 그처럼 열심히 지원 활동을 하는 것은 쉽게 납득하기 어려운 일이다. 바로 이러한 점 때문에 일본의 정치인들은 공명당의 힘을 무시하지 못한다. 그래서 때로는 정교 분리 원칙을 근거로 내세우며 창가학회 회원들의 공명당 지원 활동을 방해하기도 하고, 한편으로는 자민당처럼 공명당과 손을 잡아 창가학회 회원들의 지지를 함께 얻고자 기대하기도 한다.

그렇다면 창가학회 재일한국인 신도들은 어떨까. 일본의 선거법은 일본 국적을 갖고 있는 사람들만 선거권과 피선거권을 부여하고 있으며, 외국인에게는 허용되지 않는다. 앞서 지적했듯이 필자가 면담한 회원 중 11명, 즉 30% 정도는 이미 귀화를 했다. 따라서 이들은 일본 국적을 갖고 있으므로 그들의 선거 지원 활동은 아무런 문제가 되지 않는다. 그러나 귀화를 하지 않은, 즉 특별영주권자나 일반영주권자는 투표권이 없다. 투표권이 없는 창가학회 재일한국인 신도들은 선거 시기에 어떤 활동을 하고 있을까?

필자가 만난 재일한국인 중에는 특별영주권을 갖고 있는 사람이 많았는데, 이들 대부분은 그들에게 투표권이 주어지지 않는 것을 매우 섭섭하게 여겼다. 〈도쿄 13〉은 선거 지원 활동에 참가하지 않는다고 하면서 "특별영주권자에게 선거권이 없는 게 문제입니다. 세금도 보통 일본 사람보다 더 내고 있다고 생각하는데 선거권이 없다는 것은 이해가 안 됩니다. 한국에서도 선거권이 없고 일본에서도 없어요. 그래서 저는 선거 지원 운동을 안 합니다"라고 했다. 그는 일본의 모든 선거에서 재일한국인이 원천적으로 배제되고 있는 정치 현실에 분개하고 있었다. 그러나 창가학회 회원 내 재일한국인 특별영주권자들은 대개 선거권이 없는 현실을 바꾸고 싶다고 생각하면서도 여전히 공명당을 지지하고 있었으며, 다양한 방법으로 공명당을 돕고 있었다. 몇 가지 사례를 보자.

지구에서 누가 (선거에) 나온다고 하면 표를 부탁해야 하잖아요. 열심히 해요 저는. 전화도 하고, 뭐 그냥 도시락 싸서 아는 사람을 만나러 가죠. 그래서 매일 전차 타고 다니면서 300 몇 개 했어요. 그럴 때는 아침에 나가서 저녁에 돌아와요. 전에는 그렇게 얼마 못했습니다. 왜냐하면 돈 벌어야 하지, 애들

키워야지, 남편은 반대하지 그러니까 잘 나가지 못했습니다. 그런데 최근 3
년간은 열심히 했어요. 〈도쿄 01〉

선거 응원 활동 합니다. 저는 주로 아이치 현에서 살았으니까 중학교·고등
학교 친구에게 전화하고, 여기서는 회사에서 알게 된 사람이나 빌딩 청소하
는 아줌마가 있는데 선거할 때 매번 부탁을 합니다. 자주 가는 레스토랑 아줌
마나 세탁소 아줌마에게도 부탁을 합니다. 선거권은 앞으로도 제가 죽기 전
까지 못 받을 것 같다고 생각합니다만 희망이 있습니다. 투표권이 없지만 그
만큼 다른 사람보다 더 열심히 부탁하고, 일본 사람에게 '저는 투표권이 없는
데 그만큼 일본에 대해서 생각하고 있습니다'라고 하거나, '투표권이 있는 사
람은 저보다 더 열심히 일본을 생각해야 하는 거 아닙니까'라고 합니다. 〈도
쿄 11〉

열심히 하죠. 투표를 하고 싶지만 지금은 선거권이 없기 때문에 가까운 미
래에 한국인들도 참정권을 가질 수 있는 사회가 될 거라고 믿고 있고. 한국
국적을 갖고 있어도 여기서 나고 자란 공동체 사람이기도 하고, 지역의 시민
이기도 하고, 여기서 살 거니까, 그것을 위해 하는 활동을 선거 지원 활동이
라고 생각하고 있어서 전부 협력을 하고 있습니다. 〈도쿄 04〉

선거권이 없어도 선거 활동을 하러 갑니다. 그래서 누군가에 부탁할 때 '나
는 한국인이라서 선거권이 없다. 그렇지만 공명당이 좋아서 공명당 후보자를
지원하려 한다. 나는 선거권이 없으니까 부탁하는데 꼭 선거를 해달라' 그렇
게 말합니다. '공명당이 아주 열심히 하고 있어'라고 하고, '공명당이 있으니
까 일본이 조금씩 나아지게 되었다'고 이야기를 하면 대개는 이해하고 받아

줍니다. 사실 선거권이 있으면 좋지만, 아직 일본이 그런 정책을 정하지 않았으니까 지금의 상황에 맞출 수밖에 없지요. 〈도쿄 09〉

선거 때는 매일 아침 8시부터 지역에서 모입니다. 선거 활동을 갔다 왔다고 각자 표시를 하지요. 저는 표시를 하지 못했습니다. 제가 투표를 못하는 만큼 제가 아는 사람, 귀화한 한국 사람, 신용할 수 있는 사람에게는 꼭 이야기를 해서 투표를 건의하지만 마음이 너무 안됐습니다. 당당하게 이야기도 못하는 거지요. 회원이 되고 나서 보니까 선거가 시작되면 조직에서 선거 운동을 계속하잖아요. 그렇지만 저는 외국인으로서 선거권도 없고, 친척도 선거권이 없어요. 일본 친구나 여러 가지, 학교, 부모님에게 이야기를 하지만 그래도 너무 숫자가 안 되죠. 〈도쿄 08〉

선거 지원 활동에서 가장 큰 비중을 차지하는 것은 주변 사람들에게 공명당 후보에게 투표해달라고 부탁하는 일이다. 〈도쿄 01〉은 필자가 만난 구술자 중에서 가장 열심히 선거 지원 활동을 한 사람이었다. 그녀는 선거가 가까워지면 모든 일을 제쳐두고 하루 종일 자신이 아는 수십 명의 사람에게 전화를 하거나 찾아다니는 매우 적극적인 회원이었다. 300명이 넘는 사람들과 만나거나 이야기했다는 것으로 미루어볼 때, 본인의 인맥을 총동원해 선거 운동을 한 것으로 생각된다. 하지만 그녀가 공명당의 정강(政綱)을 잘 아는 것은 아니었다. 그녀는 자신이 불우했던 시절을 벗어나 사업을 번창시키고 자식을 훌륭하게 교육시킬 수 있었던 것이 창가학회 덕분이라고 생각해서 은혜를 갚는 마음으로 활동한다고 했다.

한편 〈도쿄 11〉은 직장 동료, 청소부, 레스토랑과 세탁소 직원 등 자신의 활동 반경 안에서 평소 친분이 있던 사람들을 대상으로 선거 운동을 했다. 그뿐만 아니라 동창생들과 먼 지역에 사는 지인들에게 전화를 걸어서 그 지역의 공명당 입후보자에게 투표해줄 것을 권하기도 했다. 자신의 지역 선거구뿐만 아니라 타 지역의 공명당 후보의 당선을 위해 인맥을 모두 동원해 선거 운동을 한 것이다.

창가학회 회원들은 자신이 거주하는 선거구만이 아니라 다른 지역에 사는 지인의 명단을 간부들에게 적어 낸다. 그리고는 그들과 전화 또는 만남을 가져 선거 운동을 했는지 결과를 간부에게 알린다. 그러면 간부는 이를 집계해 전체 상황을 파악한다. 〈고베 03〉은 재일한국인 2세로 선거권이 없지만 언제나 당원 등록 명단을 적어서 가지고 다녔다. 그녀는 명부를 들고 다니며 그녀가 만나 이야기를 나눈 사람들의 이름을 모두 적었다. 저축을 하듯 사람의 이름을 적고 그 내용을 간부에게 보고했다. 그녀는 자신의 활동이 선거에 얼마나 도움이 되는지는 모르겠지만 그 일에 자부심을 느낀다고 했다.

그런가 하면 평소 직장에 다니느라 학회 활동을 자주 하지 못하는 게 마음에 걸린다고 한 〈도쿄 02〉는 선거 때 열심히 움직여 자신의 부족함을 메우려 노력한다고 했다. 그리고 선거 때 모임에 더 자주 나간다고 했다. 이처럼 선거철이 되면 공명당 후보를 돕기 위해 창가학회 회원 사이에 협동적인 분위기가 형성되며, 회원들은 간부들에게 지원 활동 내용을 알린다. 그러면 간부들은 회원들을 상담하며 격려한다. 간부들은 다른 회원들과 마찬가지로 인맥을 활용해 직접 선거 지원 활동을 하는 한편, 지역 회원 중 선거 지원에 미흡한 사람들을 수시로 만나 지도하고 격려하는 일을 한다. 만약에 회원이 지인들을 잘 설득하지 못하는 경우에는 함께 방문하기도 한다. 〈도쿄 08〉은 그러한 경험에 대해 다음과 같이 이야기했다.

(저는) 지구나 본부에 있는 부인부 회원들을 격려하고 도와줍니다. 선거 지원 활동을 하면서 어떻게 이야기하면 좋을지 모르는 사람이 있어요. 그럴 때는 같이 가도 되냐고 해서 같이 갑니다. 팸플릿을 가지고 가서 이야기하고요. 같이 가면 안 된다고 하면 왜, 어떻게 이야기하는지 들어봐서 이렇게 이야기를 하면 좋겠다고 조언을 해줍니다. 부탁할 사람이 전혀 없다고 하는 회원도 있습니다. 그런 사람에게는 소학교 동창이나 직장 동료들은 없는지, 집 근처에 사는 사람은 없나 물어봐서 이러한 사람에게는 이렇게, 저런 사람에게는 저렇게 하라고 여러 가지 조언을 해줍니다. 〈도쿄 08〉

한편 이미 일본인 남편과 결혼하면서 귀화를 한 회원들은 국적 문제가 없기 때문에 당당하게, 그리고 적극적으로 선거 지원 활동을 한다. 젊은 학부모 회원들의 공통점 가운데 하나는 학부모회를 선거 지원 활동의 기회로 활용하고 있다는 것이다.

처음 들어갔을 때 공명당 의원의 아토피 이야기를 듣고, 아토피가 있는 자녀를 둔 엄마들에게 공명당 후보가 당선되면 이렇게 할 거니까 그거 듣고 표를 찍어주지 않겠냐고 권했어요. 또 공명당이 세금으로 아이들이 있는 가정에 얼마씩 보조를 해준다고 정책을 내놓으니까 엄마들이 얼마나 좋아해요. 유치원 엄마들에게 이야기를 하면 저와 친한 엄마는 그런 거라면 언제든지 이야기해라, 선거 때 찍어주겠다고 합니다. 그러나 탁 거절하는 엄마도 있어요. 〈도쿄 07〉

일본은 선거가 매년 있으니까 선거를 하지 않을 때는 그때를 위해, 우호를 두텁게 합니다. 여러 가지의 만남, 사귐을 하고 있습니다. 제가 소학교 학부모회 회장을 했습니다. 그때 (알게 된) 엄마들과의 관계를 중요시해서 계속 만나는데, 해마다 두 번 정도 만나서 이야기합니다. 그분들에게 나중에 공명당을 부탁한다고 이야기하면 그렇게 해줍니다. 물론 그중에 두세 명 정도는 다른 당을 이야기하는 사람도 있습니다. 그럴 때는 '그래요'라고 하고, 공명당은 이런 일을 한다고 하지요. 〈도쿄 08〉

재일한국인 회원들이 선거철에만 공명당을 위한 활동을 하는 것은 아니다. 평소에도 조용히 정당 지원 활동을 한다. 그중에서도 포스터 부착 작업은 중요한 일상 활동이다. 일본에서 시내를 걷다 보면 벽에 붙은 공명당 포스터를 쉽게 볼 수 있는데, 이러한 포스터들은 선거 기간이 아니라면 일정한 기간 동안 그대로 붙여놓을 수 있게 되어 있다. 이는 각 정당 후보자의 면면을 지역 주민들에게 알리는 효과가 있다. 한국에서는 선거관리위원회가 선거 기간에만 후보자들을 알리는 공용 포스터를 붙였다가 선거가 끝나면 떼어버린다. 그러나 일본에서는 반대로 평소 잘 보이는 곳에 포스터를 붙여 사람들이 볼 수 있도록 전시하다가 선거철이 되면 뗀다. 물론 공명당만이 아니라 자민당, 민주당 벽보도 자주 보인다. 공명당 벽보가 붙어 있는 집은 대개 창가학회 신도의 집인 경우가 많다. 가끔은 공명당 벽보와 공명당 깃발이 함께 있는 집도 발견할 수 있다. 〈고베 04〉는 자신의 집에 포스터를 붙일 수 없어 고민하다가 아르바이트를 하는 식당 외벽에 공명당 포스터를 붙일 수 있게 해달라고 식당 주인을 설득했다. 창가학회 신도 소유의 건물이 아니더라도 공명당의 활동을 지지하는 사람이라면 포스터를 붙이는 것을 허락해준다고 한다.

한편 선거철이 아닐 때 지역구의 공명당 국회의원의 활동을 돕는 것도 중요한 지원 활동이다. 〈고베 03〉은 지역의 상세한 정보를 의원에게 수시로 알려주는 일을 하고 있다. 그녀는 자신의 이러한 활동이 지역 사정을 잘 모르는 의원에게 힘이 된다고 했다. 그녀는 도로가 파손되었다든지 신호등이 망가졌다든지 하는 소소한 문제나 지역 행사 정보 등을 미리 알려 지역 의원을 일을 돕는 것을 자신의 역할로 여기고 있다. 심지어 민단의 행사 소식을 알려 의원의 이름으로 축하 전보를 보낼 수 있도록 하기도 한다.

창가학회 재일한국인 회원들이 이처럼 열심히 선거 지원 활동을 하는 데에는 각자 갖고 있는 정치에 대한 판단과 나름의 신념도 중요하지만, 그에 못지않게 창가학회 지역 조직의 분위기도 중요한 몫을 한다. 선거철이 되면 창가학회의 각 지역 간부들은 평소보다 일이 더 많아진다. 자신이 속한 지역 조직의 회원들이 선거에서 유기적으로 연결되어 활동할 수 있도록 지휘·관리해야 하기 때문이다. 또한 회원들 간의 분위기도 달라져서 대개 선거가 이야기의 중심 화제가 된다. 회원들은 서로의 정보와 경험을 공유하고, 때로 공명당과 다른 정당의 인물과 정책을 비교하는 시간을 갖기도 한다.

재일한국인 회원 가운데 특별영주권자 대부분은 일본을 더 좋은 나라로 만들기 위해서 선거권이 있고 없고는 문제가 되지 않는다고 말한다. 문제는 국정을 올바로 이끌어갈 사람을 뽑는 것이다. 이를 위해 선거권이 있는 사람들에게 자신이 설명을 잘해야 한다고 생각하며, 선거 지원 활동에서 사명감을 느끼기까지 한다. "국적은 필요 없다"고 한 이케다의 말은 이럴 때 그들의 심정을 위로한다. 비록 본인들은 투표를 하지 못하지만 창가학회 회원으로서의 사명을 해내고 있다고 생각한다.

물론 개중에는 투표권을 얻기 위해 일본 국적을 취득하는 경우도 있다. 〈고베 04〉는 특별영주권으로 살다가 5년 전 일본 국적으로 귀화했다. 귀화 동기는 아이들의 미래를 위해서, 그리고 공명당에 한 표라도 더 주고 싶다는 마음이 들어서였다. 그녀는 국적은 아무 상관이 없는 것이며 한 인간

으로서 잘 살아가면 된다고 생각한다. 그녀보다 더 적극적으로 공명당 선
거를 돕고 싶어 한 사람도 있었다. 〈오사카 08〉은 창가학회 신도로서 살아
온 기간이 길어지고 역직이 높아지면서 한 표 한 표가 중요하다는 생각을
절실하게 했다. 그는 투표권을 얻기 위해 가족을 모두 설득해 귀화했다.

3. 공명당을 생각하는 마음

일본 국회에서 외국인, 특히 재일한국인의 참정권에 관한 법률개정안을
가장 적극적으로 발의·추진하는 정당은 공명당이다. 하지만 참정권은 지
난 수십 년 동안 발의가 되었어도 자민당과 민주당이 소극적인 태도를 보
이거나 반대한 탓에 충분히 논의되지 못한 채 회기가 끝나버리고 발의는
자동 폐기되어왔다. 민주당이 외국인에게 참정권을 주는 법안을 내놓은 적
도 있지만 통과된 적은 없다. 결국 일본 정치 세력 어느 누구도 적극적으로
이 법안에 관심을 기울이고 통과시키려 하지 않았던 셈이다.

10여 년 전에 공명당과 자민당의 연립정권이 만들어졌을 때, 많은 재일
한국인이 참정권이 통과될 것으로 기대했다. 하지만 달라진 것이 없었다.
필자는 이러한 점에 대해 창가학회 재일한국인 회원들의 의견을 물었다.

자민당이 일본에서 크긴 하지만 나중에는 공명당이 자민당을 이기는 시기
가 올 거라고 생각해요. 꼭 올 거예요. 앞으로 몇 년 있으면 바뀔 거라고 생각
해요. 자민당이 있어도 공명당의 의견이 있는 것이고, 우리 의견대로 하지 않
으면 안 되는 경우도 있을 거니까. 여러 상황이 와서 바뀌지 않을까 생각하고
요. 저는 그걸 기대하고 있어요. 〈도쿄 08〉

제가 볼 때는 자민당의 힘만으로는 여당이 될 수 없어서, 자멸할 수밖에 없어서, 야당 측에서 가장 믿을 수 있는 당이라서, 자민당은 공명당이 지지 기반이 확실하고 그 표가 자기네에게 돌아오면 좋겠다는 생각에 공명당에 무릎을 꿇은 거예요. 공명당이 아니었으면 자민당은 더 우경화되었을 것 같아요. 납치 문제를 지원하는 게 우익 단체들이고 우익 단체 최고의원들이 자민당의 거물들이에요. 전후 유족회도 그렇고. 공명당이 그런 거 다 알고 수십 년간 서로 대적할 수밖에 없었는데, 1990년대 들어와서 손을 잡게 된 것입니다. …… 자민당은 경제 쪽에 강하고 공명당은 복지 쪽에 강하니까 합치면 정부를 안정시킬 수 있다, 공명당 입장에서도 일본이 더 이상 불안하면 안 되는 거잖아요. 〈도쿄 15〉

물론 공명당이 하는 일에 대해서 전부 찬성을 하는 것은 아니고, 잘못한다는 생각이 들 때도 있습니다. 그럴 때는 선배나 간부에게 설명을 듣기도 하고, 그게 이해가 안 되면 공명당 사무실에 전화를 해서 "어떻게 된 것입니까?" 하고 물어봐요. 제가 이해가 안 되는 것은 사람들에게 설명해줄 수 없으니까 공명당 응원을 할 수 없잖아요. 공명당에서 말하는 것을 이해를 할 수 있도록 먼저 공명당 신문을 읽고, 이해를 못하면 직접 공명당 사무실에 전화해서 물어봅니다. 납득이 안 되니까 설명을 해달라고 하지요. 어쨌든 공명당의 정책 중 가장 좋은 것은 육아 문제에 지원하고 응원하는 정책, 제일 문제다 하는 정책이라면 (오래 생각한 끝에) 이라크 파병이 가장 큰 문제라고 생각합니다. '왜 그걸 찬성했습니까?' 하는 마음입니다. 〈오사카 11〉

정치가들이 그늘에서 손을 잡은 1950년대, 돈을 받고 뇌물을 받고 하던 때, 정치 개혁을 하지 않으면 일본 서민들의 생활은 안 되겠다 했어요. 공명당의 정책은 복지의 공명당이란 말이 있거든요. 제가 아쉽게 생각하는 것은 요, 물론 공명당 의원도 문제 일으키는 사람이 많이 있어요. 그때마다 창가학회 사람들이 가장 많이 화를 내거든요. 가끔 회사에서 이야기를 하기도 해요, 공명당이 과연 필요한지. 창가학회 안에서도 다음에 국회의원으로 누가 나올지 이야기가 나와요. 현직 후보자를 없애버리는 경우도 있어요. 일반 국민들은 모르지만 지역에서 너무 인기가 없는 사람이어서 그 (지역) 후보자를 바꿀 때가 있었어요. 내부적인 토론에 의해서가 아니라 항의가 많아서. 부인부에서 인기가 없는 사람을 어떻게 지지할 수 있겠느냐 해서, 그런 경우를 두세 번 정도 본 적이 있어요. 저는 그게 민주화라고 생각해요. 이케다 선생님도 몇 번이나 좋아하지 않는 사람을 지지할 필요가 없다고 말씀하셨어요. 〈도쿄 16〉

위에서 보듯이 창가학회 재일한국인 회원들은 공명당의 정책과 국회 분위기를 잘 알고 있다. 그들은 공명당이 다른 정당들과 달리 재일한국인의 참정권 문제에 관심을 많이 갖고 있고 노력해왔다고 생각한다. 그럼에도 문제가 해결되지 않은 것은 공명당의 잘못이 아닌 집권 여당인 자민당과 골수 우익의 탓이라 여긴다. 공명당이 참정권 문제를 놓고 자민당과 싸움을 하지도, 여론을 형성하지도 않는다는 비판은 오해에서 비롯된 것이라고 이야기한다.

그들은 공명당을 믿고 지지하고 있다. 또 자민당과의 연립정권이기는 하지만 공명당이 여당이 되어 정권에 참여하고 정책을 집행하는 자리에 서게된 것을 자부심으로 여긴다. 또한 금권정치나 지역주의에 의한 선거가 아닌 민중의 성원에 힘입어 뽑힌 공명당 의원들이 등장함으로써 일본 정치판이 바르게 되어가고 있다고 믿는다. 아울러 지금 당장 할 수 있는 일이 많지는 않지만, 복지 문제에 대해서만큼은 공명당 의원들의 노력이 빛을 발하고 있다고 생각한다. 공명당은 오랫동안 야당 생활을 하면서 잘 버텨온 보람이 있으며, 앞으로 다수당이 되리라는 희망도 품고 있다.

민생 복지는 창가학회 회원이 지역 사람들에게 공명당 후보 지지를 호소하는 지원 활동을 하러 다닐 때 가장 자신 있게 내세우는 공명당의 정책이다. 특히 육아와 교육 문제는 대표적인 정책 사례로 손꼽고 있다. 그들은 현재 일본 사회에서 공명당만이 세계 평화와 교육·복지를 위해 일할 수 있다고 여기고 있으며, 현재 가장 큰 권력을 행사하고 있는 자민당을 이기기 위해서 더 많은 수의 공명당 후보가 당선되어야 한다고 생각한다.

그러나 한편으로는 창가학회 회원들은 그들이 바라는 대로 공명당이 정치권을 휘어잡지 못하고 있으며, 자민당의 잘못된 정책을 비판하기는커녕 끌려가는 일도 있다고 비판하고 있다. 특히 이라크 파병은 물론 야스쿠니 신사 참배 문제 등 평화 헌법을 파괴하고 전쟁으로 몰고 가려는 자민당을 제대로 막지 못하는 데 대해 불만이 많다. 기업에서 돈을 받거나 다른 부정한 일을 저지르는 의원, 무능한 의원이 자리를 지키고 있는 경우, 내부적인 비판을 통해 자신들의 의사를 관철시키려고도 하고 있다.

외부 사람들은 창가학회에서 열심히 활동하면 모두 공명당을 지지하고 있다고 생각하지만 아니에요. 부인부는 대개 그런 면도 있지만 창가학회 활동을 하고 있는 회원 중에도 '나는 공명당을 투표하지 않겠다'고 하는 사람도 있어요. 이유를 물어보면 공명당이 여당이 되면서 야당 때의 좋은 점이 없어졌다고 하는 사람도 있거든요. 〈도쿄 16〉

〈도쿄 16〉의 이야기를 보면 공명당을 지원하는 창가학회 회원들 사이의 불만과 비판을 알 수 있다. 그들은 언젠가 공명당이 다수당이 되어 진정으로 민중을 위한 정책을 펴나가기를 기대하고 있다.

4. 공명당의 불투명한 미래

창가학회 출범 초기의 절복대행진은 희망을 잃고 낙심하던 민중에게 새로운 희망을 알리는 복음의 나팔 소리였다. 일본 전국에 나팔 소리가 울려 퍼졌다. 누구나 부처가 될 수 있다는 법화경의 진리를 강조하면서 새로운 세상이 도래했다고 알린 도다는 예언자와 다름없었다. 도다와 이케다가 말한 새 하늘, 새 땅은 결코 죽은 다음에야 갈 수 있는 저세상이 아니라 지금 이곳에서 실현되어야 하는 현실 속 유토피아였다. 이것은 막연한 미래에 새로운 세상이 열릴 것이라고 말하는 예언이 아니었다. 지금 여기의 부처들 그리고 법화경의 행자들이 힘을 모아 썩어빠진 정치가들을 몰아내고, 새로운 정부를 건설하며 새로운 정치를 펴나가는 것이었다. 그래서 민중을 현혹하는 이른바 '염불만 외우는 가짜 종교인'들을 몰아내고 민중의 국가를 건설하는 것을 주장했고 실천에 옮겼다. 그들에게 그것은 다름 아닌 공명당이었다.

공명당은 2009년 민주당에게 정권을 내주었고 자·공 연합은 해체되었다. 공명당은 다시 야당으로 돌아왔다. 그리고 상황은 빠른 속도로 변해가고 있다. 다시 자민당과 연립정권을 수립하기 위해 손을 잡을 것인지, 아니면 제3당으로 독자적인 정책을 제시하면서 새로운 길을 개척할지 알 수 없다. 또한 얼마나 진지하게 고민하면서 미래를 준비하고 있는지도 알 수 없다. 그런 점에서 공명당의 미래는 아직은 불투명하다. 그러나 필자는 공명당을 단순한 정치 정당으로만 보면 안 된다고 생각한다. 공명당은 창가학회 회원들의 정치적 실험이라는 시각에서 바라보아야 한다.

창가학회 회원 그리고 재일한국인의 공명당에 대한 인식은 일본 사회의 미래만이 아닌 인류 전체의 미래를 위해 정치 부분에서 활용하는 것이지, 일본의 정치권력 장악에 그 목적이 있는 것이 아니라는 것이다. 정치는 창가학회의 이상을 실현하기 위한 수단으로, 지금으로서는 공명당만이 창가학회의 미래를 위해 일하고 있다고 여기는 것이다. 그러므로 공명당이 이루어야 하는 과제는 창가학회의 미래와 연결되어 있다.

그러나 실제로 공명당이 지난 수십 년 동안 내놓고 실천에 옮긴 정책들을 보면, 과연 회원들의 생각에 부응했는지 의심스럽다. 공명당이 내건 중도주의는 색깔이 불투명하고 애매하다는 생각이 든다. 물론 중도주의의 본뜻에는 석가모니가 말한, 극단적 금욕주의와 극단적 쾌락주의 중 어느 한쪽으로 치우치지 말고 중심을 잡으며 살아야 진리를 깨닫고 바른 삶을 이끌어갈 수 있다는 주장이 담겨 있다. 하지만 공명당이 이 주장을 내걸었을 때 사람들은 좌파, 우파 어느 한쪽으로 기울지 않고 이념의 대립을 넘어서겠다는 뜻으로 받아들였을 것이다. 물론 이것은 좌우 대립이 극심했던 지난 시기를 고려하면 이해가 되기도 한다. 그러나 당시 좌도 우도 아닌 중도는 무색무취의 애매한 모습으로 비쳤을 가능성이 높다.

그동안 공명당이 가장 크게 내세웠던 정책은 복지 개선 및 증대였다. 창가학회 신도들이 공명당을 지지하고 다른 사람들에게 내세우면서 말할 수 있는 정책이 바로 복지 정책이었는데, 앞으로도 이것을 계속 강조하고 밀고 나갈지 지켜볼 필요가 있다. 왜냐하면 일본 사회도 한국 사회와 마찬가지로 신자유주의 경제의 틀에 갇혀 사회 전반의 경제양극화가 심화되고 있으며, 이것이 비정규직과 빈곤층을 양산하면서 빈부격차를 확대하고 있기 때문이다. 민주당 정권 역시 복지 정책을 전면에 내걸고 나왔다가 실패했고, 대기업과 부자들로부터 세금을 더 많이 걷는 것을 포기하고 애매한 경제 정책만 양산했다. 민주당 정권은 그들에게 쏟아지는 사회적 비난을 잠재우기 위해 영토 분쟁을 악화시킴으로써 민족주의적 감정을 자극해 국민의 관심을 돌리려 했다.

필자는 공명당이 일본 사회에서 현안이 되고 있는 여러 가지 문제, 특히 야스쿠니 신사 참배, 평화 헌법 개정, 자위대의 해외 파견, 독도 영유권, 센카쿠 열도를 비롯한 해양 영토 분쟁, 위안부를 비롯한 과거사, 동아시아 국가들과의 관계 등 장기적인 문제에 관한 분명한 정책을 갖고 있지 않다고 생각한다. 현재 일본 사회에서 눈앞에 닥친 최대 정책 과제는 원자력 발전 문제라 할 수 있다.

2011년 3월 11일 이후 일본 사회는 방사능 유출 공포에 시달리고 있다. 일본 내에서 원전 반대 시위가 점점 확대되면서 하나의 시민운동으로 발전하고 있지만, 민주당 정권은 그러한 요구를 받아들이지 않았다. 작년 가을 총선거에서 승리한 아베 정권의 자민당이 여당으로 복귀하면서, 공명당은 다시 자민당과 협력하는 방향으로 나아가고 있다. 자민당 역시 원자력 발전과 방사능 문제에 대해서는 시민운동 세력의 요구를 받아들이지 않았다. 그런데도 선거에서 이겼다. 반면 총선 기간 동안 사민당을 포함한 군소 정당 대부분은 원전 폐기와 방사능 문제 해결을 가장 중요한 과제로 내걸었지만 패배하고 말았다. 이러한 투표 결과만 보고 일본 국민이 원전 유지를 찬성하는 것으로 받아들일 사람은 많지 않지만, 필자는 일본 사회에서 보수 세력이 득세하고 군국주의가 점차 부활하는 것이 아닐까 하는 의구심이 든다. 자민당이 재계(財界)의 요구를 받아들여 원자력 발전 문제를 적당한 선에서 봉합하고 원자력 발전소를 유지할 가능성은 매우 크다. 그럴 때 공명당은 어떻게 할 것인가.

1950년대 도다 회장은 원수폭(原水爆) 금지 선언을 했다. 이것은 창가학회 평화 운동의 출발점이다. 또한 공명당 정강 정책의 가장 중요한 뼈대는 반전(反戰)과 반핵(反核)이다. 그렇다면 반핵·반원자력 발전 정책이야말로 공명당이 가장 분명하게 내세우고 나아가야 할 정책인 것이다. 자민당과 민주당이 대기업, 재벌의 요구에 원전을 포기하지 못하고 이들에게 끌려가고 있음은 누구나 다 알고 있는 사실이다.

공명당은 드넓은 일본 사회에서 창가학회가 정치 개혁을 하기 위해서 띄운 거대한 배와 같다. 재일한국인 회원들도 한배를 타고 함께 가고 있다. 이 배를 운항하는 목적은 정치 개혁이다. 즉, 민중을 위한 정치를 펴는 것이다. 이를 위해서 공명당을 조직하고 정강을 마련해 선거전에 뛰어든 것이다. 공명당은 다시 창가학회 지도자들이 제시했던 방향으로, 민중을 위한 정책을 수립하고 발전시키는 정당으로 거듭나야 한다. 공명당의 모든 정책이 창가학회가 말하고 있는 평화·교육·복지와 어떻게 연계될 수 있을지에 관한 문제는 창가학회 회원은 물론 공명당을 주목하고 있는 사람들에게도 매우 중요한 사안이자 공명당의 중대한 과제다.

국가와 민족

근대 일본은 36년 동안 한국을 식민지로 삼고 지배했다. 식민지 백성의 뼈아픈 경험은 현재까지도 두 나라의 관계에서 대립각을 만들고 있다. 독도와 위안부 문제는 끊임없는 논쟁 대상이며, 야스쿠니 신사 참배는 잊어버릴 만하면 정치적 쟁점이 되어 떠오르곤 한다. 그럴 때마다 우리는 '나쁜 나라' 일본을 성토했고 지난 역사를 잊어버리지 않으려 했다. 그래서 자라나는 아이들에게 국권을 탈환하기 위해 목숨을 바쳤던 독립투사 이야기를 했다. 이토 히로부미(伊藤博文)를 죽인 영웅 안중근과 '대한독립만세'를 외친 유관순, 만주 벌판에서 일본 군대와 싸운 독립군의 청산리 대첩과 봉오동 전투 등등의 이야기를 해주며 우리 민족이 힘을 가져야만 외세로부터 우리를 지킬 수 있다고 가르쳤다. 또한 외세 중에서도 일본의 영향력에 대해서는 매우 부정적인 입장을 보였다. 이에 일본 문화 개방에 관해 국민적인 반대 운동이 있었는가 하면, 역사적·문화적으로 한국이 일본의 우위에 있다는 것을 강조해왔다.

그런데 일본계 신종교인 창가학회가 한국에 들어왔고, 한국창가학회는 150만 명이 넘는 신도를 거느린 종교 단체로 성장을 거듭하고 있다. 사람들은 이 종교 단체를 '사이비' 또는 '유사 종교'라고 손가락질했다. 필자의 연구는 이 종교 단체가 정말 위험하고 불온한가라는 질문에서 출발했고, 그 내부를 좀 더 자세히 들여다보기 위해 일본에 살고 있는 한국인 회원들을 조사했다. 일본에 대한 강한 거부감을 갖고 있는 한국에 일본의 종교인 창가학회를 소개한 이들, 일본의 종교와 그 지도자의 사상에 동의해 한국 땅에 신도들을 양산한 이들이 바로 재일한국인이었기 때문에 '창가학회와 재일한국인'은 연구의 두 축이 되었다.

지그문트 바우만(Zygmunt Bauman)은 사회학자의 글쓰기를 말하면서 알프레드 드 뮈세(Alfred de Musset)의 "위대한 예술가에게는 조국이 없다"는 말에 주목하라고 한다. 근대 유럽에서 애국주의가 한창 오만하고 호전적이었을 때 한 말이다. 바우만은 사회학자들이 여전히 국가 위주로 생각하고 있으며, 국가 단위로 연구하고 일하며 헌신한다고 비판한다. 그는 "근대 초기 수많은 정치가가 단일한 법, 단일한 언어, 단일한 세계관, 단일한 역사와 단일한 미래를 가진 민족국가를 세우는 데 자신의 사명이 있다고 믿었다. 많은 시인과 화가가 이제 막 움트기 시작한 여린 민족정신을 북돋우고, 오랫동안 묻혀 있던 민족전통을 부활시키고, 예전에 없었던 새로운 민족정신을 구상하거나 아직 자신들이 한 민족임을 충분히 자각하지 못한 민족에게 영웅적 조상들의 설화와 노래, 이름들을 제공했다"(바우만, 2009: 326)라고 지적했다.

바우만의 지적은 민족주의적 성향을 갖고 민족을 강조하면서 사회학 연구를 계속하는 한 우리의 연구가 새로운 차원으로 비약하기 어렵다는 뜻이다. 사회학자는 언제까지 민족국가의 이익을 우선하면서 민족, 국가의 테

두리 안에 자신을 가두어야 하는가? 유럽이 지난 수십 년 동안 진행해온 유럽 공동체 실현의 길은 경제 위기로 시련에 처했다. 유럽이 공동체의 길을 걷게 된 가장 큰 이유는 동아시아보다 훨씬 일찍부터 근대 민족국가가 성립되어 이들 간의 대립과 갈등이 끊이지 않다가, 급기야 두 차례의 전쟁을 겪었던 쓰라린 경험에 기인한다. 유럽 공동체는 영국, 프랑스, 독일 등 각 국가 간의 역사적으로 형성된 수많은 잠재적 갈등 요소를 털어내고, 전체 유럽은 하나의 인간의 삶의 터전으로 보자는 것이다. 영국인, 프랑스인, 독일인이 아닌 모든 사람을 유럽인으로 보고 더 나아가 근대를 함께 살아가는 인간으로 여기며, 다만 지역적 차이를 특색으로 보아 사회학 연구를 하자는 것이다. 물론 말처럼 쉽지는 않다. 더구나 신자유주의가 유럽을 휩쓸면서 경제 위기가 커지고 있고, 그 틈새에서 독일 등 특정 국가의 거대 기업들이 가난한 국가들의 부를 빨아들이고 있기 때문에 이럴 바에는 유럽 공동체를 해체해야 한다는 목소리도 나오고 있다.

우리는 민족국가들의 대결 구도가 날로 첨예해지는 동아시아의 상황을 목도하고 있다. 독도를 둘러싼 한일 간의 갈등과 일본과 중국의 센카쿠 열도를 둘러싼 대립·갈등은 한중일의 앞날에 민족주의가 어떤 역할을 담당할지 너무나 확연하게 보여주고 있다. 한국과 일본의 보수적인 정치가들이 양국 국민의 민족주의 감정을 북돋는 사이에 한일, 그리고 한중일 간에 수십 년 동안 민간 교류를 통해 쌓아 올린 상호 이해가 쉽게 무너질지도 모른다고 우려하는 사람도 점차 많아지고 있다.

그러한 점에서 사회학자들의 글쓰기는 한국, 일본, 중국 등 아시아 국가들 간의 국가적 경계를 넘어서서 나아가야 한다. 아시아 전체를 하나의 삶의 터전으로 보고, 나아가 아시아인을 근대를 함께 살아가는 인간들로 보아 이들이 서로 어떻게 교류하고 얽히는지 세밀하게 분석하면서 사회학 연구를 해야 할 것이다. 이것이 바우만이 우리에게 지적하려 한 점일 것이다. 필자가 이 책에서 쓰고 있는 '일본 종교 창가학회'와 '재일한국인'이라는 용어에 이미 바우만이 지적한 민족주의 성향이 그대로 드러나 있음을 인정한다. 그러나 필자는 국가와 민족에 갇힌 이 용어를 사용해 국가와 민족을 뛰어넘는 종교와 인간 삶을 들여다보고 싶었다.

창가학회의 성장과 재일한국인

그렇다면 민족주의적 시각을 넘어선, 근대 종교로서의 창가학회를 어떻게 볼 것인가. 근대 국가 일본은 국가 수립 직후부터 내내 제국 팽창과 침략의 길을 걸었다. 그러다가 제2차 세계대전에서 패하면서 제국의 위상을 상실했다. 스스로 걸어온 길을 돌아보며 반성하고 제국이기를 포기한 것이 아니라, 미국에게 점령당하면서 어쩔 수 없이 물러난 것이다. 바로 그 시점에서 창가학회가 등장했다. 패전 이후 일본 사회에서 창가학회의 가르침은 수많은 일본인의 정신적 지침이 되었고, 새로운 삶을 약속했다. 창가학회는 다른 어떤 종교보다도 빠르게 성장했고, 사회적으로 커다란 영향력을 발휘하는 공명당을 만들어 국회에 진출했다. 그들의 포교 방식인 절복이 적극적이었던 만큼 많은 사람이 호응하며 창가학회 신도가 되었지만, 한편에서는 수많은 사람이 이를 두려워하며 쉽게 다가가기 어려운 종교로 바라보았다.

서로 다른 주장이 대립하고 있지만, 필자는 창가학회의 성립과 성장 과정을 일종의 천년왕국 운동으로 이해한다. 일본 사회의 근대적 성장을 이끌어온 천황제와 국가 신도는 군국주의 정신과 논리가 파탄에 직면한 상황에서 일본 민중에게 새로운 희망을 불러일으킨 대표적인 운동이었다.

일본 민중의 시각에서 볼 때 새로운 희망을 이야기하는 창가학회의 절복대행진은 무한한 희망이었다. 그렇지만 창가학회의 수련 방식은 어디까지나 개인적인 것이다. 창가학회는 본존을 앞에 두고 창제를 하는 수련을 통해서 개인의 집중력을 키우고 소망을 성취하도록 이끌며, 나아가 우주의 생명력을 느껴 부처가 되어가는 과정을 가르친다. 누구나 부처가 될 수 있다는 법화경의 진리를 강조하면서 대중에게 새로운 세상이 도래했다고 알린 도다 회장은 그들에게 예언자였다. 그들이 말하는 새 하늘, 새 땅은 결코 피안의 세계 저세상이 아니었으며, 죽은 다음에 극락왕생하는 것이 아니라 지금 이곳에서 소원하는 삶을 얻는 현세 구원의 원리였다. 이것은 막연한 미래에 새로운 세상이 열릴 것이라는 모호한 예언이 아니었다. '지금 여기'에서, 우리 '부처'들, '법화경의 행자'들이 힘을 모아 새로운 정부를 건설하고 새로운 정책을 펴, 썩은 정치가들과 염불만 외는 가짜 종교인들을 몰아내 우리의 국가를 건설하자고 주장했고 실천에 옮겼다. 그것은 다름 아닌 공명당이었다.

재일한국인은 일본 제국의 통치 영역에 놓여 있던 식민지 조선에서 건너온 사람들이고, 그러한 점에서 일본인에게는 열등한 존재였다. 일본인들의 그러한 인식은 전쟁이 끝난 다음에도 이어졌다. 1950년대 총련 소속 재일조선인들은 총련이 나름대로 그들의 삶을 지켜주고 보호해주는 역할을 한다고 믿었다. 곳곳에 조선학교를 설립해서 자녀들에게 한글과 한국 문화를 가르쳤고, 금융기관을 설립해 경제 활동을 지원했다. 조직 장악력도 미흡하고 감투싸움만 일삼던 민단은 대한민국 정부의 여권 대리인 역할을 통해 존재를 증명할 뿐, 1960년대까지의 총련은 재일조선인들에게 유일한 위안이었다. 그러한 상황에서 창가학회에 들어간 사람들은 총련이 아닌 민단 소속의 재일한국인들이었다. 창가학회에는 초기부터 가난한 사람들이 많이 입신했다.

역사의 광풍이 휩쓸던 1950년대와 1960년대에 일본에 그대로 눌러앉은 재일한국인 상당수가 창가학회의 회원이 되었다. 많은 재일한국인이 실업과 차별의 억압 속에서 지내다가 창가학회라는 새로운 바람에 휩쓸려 들어간 것이다. 그들은 일본 사회 안에 재일한국인을 차별하지 않는 세계가 있다는 것을 알고 기뻐했다. 그들이 일본 신종교의 신도가 되었던 것은 일본 사회 내부에서 마이너리티로 소외되면서 겪었던 고통을 보상해주는 측면이 있었기 때문이다. 그들은 창가학회 내부에 민족 차별이 없다고 느꼈으며, 공명당이 외국인과 재일한국인을 위한 가장 진보적인 정책을 펴고 있다고 믿었다. 그들이 창가학회 회원이 된 이유는 새로운 구원에 대한 확신 때문이기도 했지만, 한편으로는 창가학회에 소속됨으로써 동화주의의 압력으로부터 벗어날 수 있다는 생각 때문이기도 했다.

그렇지만 재일한국인 사회는 한국인이 창가학회의 회원이 되는 것을 못마땅하게 여겼고 거부감도 심했다. 일본계 종교의 신도가 되는 것은 한국인임을 포기하는 일이며, 민족정신을 버리고 일본인화하는 길로 들어서는 일이라고 보는 시각 때문이었다. 그렇지 않아도 일본 사회에 적응하기 힘든데 비난을 받는 종교 단체의 일원이 되면 더욱 살기 힘들어지는 것이 아닐까 하는 우려도 컸다. 그랬기 때문에 창가학회 회원이 된 재일한국인은 대부분 가족의 반대에 시달렸고, 같은 재일한국인에게서 내내 손가락질을 받았다.

그럼에도 수많은 재일한국인이 창가학회의 회원이 되었다. 그리고 공명당 활동을 했다. 아무리 그들을 비난하고 손가락질하는 사람들이 있더라도 그들이 창가학회 안에서 누리는 기쁨이 있었음이 틀림없다. 재일한국인이 일본 신종교 교단의 네트워크에 들어감으로써 자신을 보호해줄 울타리를 갖게 되는 것은 분명한 일이다. 재일한국인들은 일본 사회에서 생활하면서 그들의 사회적 위치를 확보하고, 그들에 대한 차별을 극복하기 위해 다양한 적응 전략을 구사한다. 따라서 재일한국인이 일본계 신종교의 신도가 되고, 나아가 교단 내에서 적극적으로 활동하는 것은 그들이 일본 사회에 적응하는 대표적인 전략의 하나라고 볼 수 있다.

그렇다면 창가학회는 재일한국인 회원을 어떻게 여겼을까? 재일한국인들은 일본인들과 섞여 살면서 일본창가학회 조직의 구성원이 되어 활동하고 있다. 이러한 상황에서 신종교인 창가학회는 일본의 제국주의 침략과 전쟁 책임 문제를 어떻게 인식하고 대처하고 있었는지에 대해서 적극적으로 의견을 제시하지 않았다. 나아가 재일한국인을 특별한 존재로 취급하지 않았을 뿐만 아니라, 재일한국인 문제에 대해서 별다른 의미를 부여하지 않았다.

창가학회는 1960년대 초부터 해외 지역의 포교를 본격화했으나 미국, 인도 등이 중심이었고 한국에는 관심을 갖지 않고 있었다. 그러나 재일한국인 회원들은 그들 자신이 태어난 고향 사람들에게 창가학회를 포교하고 싶어 했다. 그러니 틈날 때마다 고향을 방문해서 시간과 노력을 쏟아부은 것은 자연스러운 일이었다. 제주도, 부산, 대구 각 지역에서 산발적으로 진행된 창가학회 포교는 특히 하층민들에게 호소력을 갖고 전파되었다.

대한민국 정부의 문교부가 창가학회를 반민족적 왜색 종교로 규정하고 포교 금지령을 내린 것은 1964년의 일이었다. 당시 한국의 창가학회 신도는 대략 3,000명이었다. 그 시기 박정희 정권은 내키지 않는 한일회담을 진행하고 있었다. 한편으로는 빨리 경제협력을 얻어내려는 조급한 마음도 있었다. 한일회담 반대를 외치는 언론과 학생 운동 세력은 박정희 정권을 친일 정권으로 규정하고 비판의 날을 세우고 있었다. 당시는 일본의 식민지 지배에서 벗어난 지 얼마 되지 않은 시기였으므로 왜색추방 운동이 곳곳에서 벌어지고 있었다. 창가학회는 바로 이 시기에 들어와 퍼지던, 그것도 '남묘호렌게쿄'라는 일본어 염불을 외우게 하는 일본계 종교였다. 박정희 정권은 반일적 분위기를 이용해 창가학회 포교 금지령을 내렸다. 정부는 창가학회를 '민족정신을 좀먹는 왜색 종교'라고 규정했다. 왜색 종교는 왜놈이라는 말과 같은 부정적인 이미지를 만들어냈고, 왜색 종교를 믿는 사람들은 일제 시기의 친일파보다 더욱 질시의 대상이 되었다.

민족주의가 충만했던 시기에, 어떤 점에서는 민족주의가 과잉이었던 시대에 형성된 '민족정신을 좀먹는 왜색 종교'라는 타이틀은 대중의 시선을 돌리기에 효과가 아주 컸다. 언론은 물론 학생 운동 세력까지도 창가학회 본부를 습격하면서(신동호, 1996: 288~289) 반왜색 종교 캠페인에 합류했던 것이다. 물론 몇 년 뒤 창가학회 회원들이 법원으로부터 포교 금지령이 헌법에 반한다는 판결을 받아내기는 했지만, 이미 한국 사회에서 창가학회는 '왜색 종교'로 낙인이 찍혀 있었고 경찰은 여전히 창가학회를 반국가적·반사회적 종교로 보고 1980년대 말까지 사찰을 계속했다.

국가를 넘어서

세월이 흘러 21세기에 들어선 시점에서 필자가 만난 재일한국인 창가학회 회원들은 초창기 회원들과 많이 달라 보였다. 우선 1950년대에 절복대행진을 거치며 1960년대에 열광적인 분위기에서 절복에 매진했던 재일한국인 1세들은 나이가 많아 의사소통이 어렵거나 세상을 떠나 만날 수가 없었다. 필자가 면담한 재일한국인들은 2세와 3세가 주를 이루었다. 그들은 대개 부모로부터 물려받은 신앙을 잘 이어왔거나, 청소년기에 창가학회를 거부하다가 뒤늦게 다시 회원이 되었다. 그리고 지금은 창가학회 조직의 각 분야에서 역직을 맡아 활동하고 있다. 그들에게 재일한국인 회원끼리 별도의 조직을 꾸려야 한다는 생각은 없었다. 모두 일본인들과 섞여서 일본창가학회의 일원으로 활동하는 것을 당연시했다. 그들 중 한국어를 유창하게 할 수 있는 사람은 20%가 채 되지 않았으며, 대부분 일본어로 의사소통을 해야 했다.

또한 그들 중 절반가량은 귀화를 했으며, 귀화하려는 사람도 상당수였다. 공명당을 지원하기 위해 선거권 획득을 목적으로 귀화를 한 사람도 여럿이었지만, 대개는 이제 자신이 일본에서 태어나 일본에서 살아가는 정주민일 수밖에 없다는 생각을 하고 귀화를 했다. 흥미로운 것은 재일한국인 3세들은 귀화를 하면서도 한국식 이름을 그대로 사용하고, 한국어와 한국문화를 적극적으로 배우려 한다는 점이다. 그리고 민족 차별을 받으며 자란 기억을 간직하고는 있지만 그 차별이 점차 줄어들고 있다고 느끼고 있으며, 자신을 '국제인' 또는 '세계인'으로 인식하면서 한국인, 일본인의 구분을 넘어서고 싶어 했다. 민족 정체성이라는 기준에서 보면 그들의 정체성은 서서히 약화되고 있다고 생각된다.

재일한국인 1세대들은 대부분 강렬한 민족의식을 갖고 있었다. 그래서 재일조선인의 민족 교육과 차별에 대한 저항 운동을 강조해왔다. 그러나 재일한국인 2세, 3세, 4세의 비중은 급격히 증가하고 있으며, 이들 중 상당수는 일본어를 모어(母語)로 사용하며 일본에서 살아갈 생각을 갖고 있다. 따라서 민족 정체성이 강했던 1세대와 달리 이후 세대들은 민족 정체성이 약해지면서 다양한 스펙트럼을 보여주고 있다(金贊汀, 2004). 재일한국인은 단일한 기준으로 쉽게 분류할 수 있는 동질적 집단이 아니며, 이들의 민족의식은 동질적이라고 보기 어렵다.

이 점은 일본창가학회의 재일한국인 회원들의 경우에도 마찬가지였다. 이들은 대부분 한국인으로서의 정체성보다 창가학회 회원으로서의 정체성을 훨씬 더 강조했다. 재일한국인 1세대들은 창가학회 입회 초기부터 민족 정체성을 강조하지 않는 분위기에서 지냈고, 가난한 하층민인 데다가 교육 수준도 낮았으며 좋은 직업을 가질 수도 없었다. 게다가 이들 대개는 한반도 남쪽 지역 출신으로 총련에 들어가지 않고 민단 소속으로 남아 있던 탓에 자녀를 조선학교에 보내서 교육을 받게 하지도 못했다. 따라서 1세대들의 자녀 대부분은 민족 정체성과 상관없이 살았다. 3세대들은 조부의 고향이 어디인지 굳이 알려고 하지 않으며, 알 필요성도 느끼지 못했다. 그들에게는 그들이 태어난 오사카나 고베가 고향이며, 민족보다는 창가학회라는 조직의 울타리와 자신이 믿고 있는 신앙이 더 의미 있는 것이었다.

일본창가학회 교단 역시 한국인으로서의 독자성을 살리는 활동을 별로 강조하지 않는다. 일본창가학회 교단의 재일한국인 신도에 대한 태도는 '같은 신앙을 갖고 있다면 민족성에 따른 차별은 없다'라는 것이다. 실제 조사를 통해서 보더라도 뚜렷한 차별은 보이지 않았다. 그러나 동시에 재일한국인의 문화적 독자성을 인정하고 장려하는 정책도 없었다.

그러나 창가학회 명예회장인 이케다의 여러 저작은 한국의 문화적 우위성을 강조하고 있으며, 재일한국인들은 이케다가 한국과의 교류에 애정을 쏟은 후부터 한국인으로서의 자부심을 갖게 되었다고 말한다. 하지만 그들은 '한국과 일본은 형제의 나라'라는 표현에 감격하면서도, 한국이 자신들을 위해 무엇을 해줄 것인가에 대해서는 전혀 기대하지 않는다. 이들을 위해 한국이 무언가를 해주었던 기억이 없고, 재일한국인이라는 외국인 증명서는 한국 방문 때나 일본 입국 시 불편을 겪게 하는 서류일 뿐이다. 친인척들을 비롯한 한국과의 연결 고리가 점차 희미해지고, 일본어를 모국어로 사용하면서 일본이 삶의 터전이 된 재일한국인들은 이제 국적을 바꾸는 귀화 제도를 이용하려 한다. 그리고 많은 사람이 귀화를 했다. 그러나 그들은 스스로를 일본 사람이라고 생각하지 않는다. 생활을 위해서, 자신의 삶을 위해서 국적을 선택한다는 생각뿐이다. 이들에게 창가학회는 일본의 종교가 아닌, 자신의 삶에 행복을 가져다주는 종교일 뿐이다.

참고문헌

기어츠, 클리퍼드(Clifford Geertz). 1998. 『문화의 해석』. 문옥표 옮김. 까치.

김범수. 2010. 「전후 일본의 혈연 이데올로기와 '일본인'」. 장인성 엮음. 『전후 일본의 보수와 표상』. 서울대학교 출판문화원.

김태영. 2005. 『저항과 극복의 갈림길에서: 재일동포의 정체성, 그 역사와 현재, 그리고 미래』. 강석진 옮김. 지식산업사.

남춘모. 2007. 「국내 주요 일본계 종교신자들의 특성: 수량적 조사를 중심으로」. 이원범 외 편. 『한국 내 일본계 종교 운동의 이해』. 제이앤씨.

도노무라 마사루(外村大). 2010. 『재일조선인 사회의 역사학적 연구』. 신유원·김인덕 옮김. 논형.

문옥표. 2002. 「일본사회의 조직과 결사: 임의결사(任意結社)를 중심으로」. 한경구 외. 『한일 사회조직의 비교』. 아연출판부.

바우만, 지그문트(Zygmunt Bauman). 2009. 「글쓰기와 사회학적 글쓰기에 관하여」. 이일수 옮김. 『액체근대』. 도서출판 강.

박규태. 2001. 「창가학회에 대한 일고찰: 불교혁신운동의 측면을 중심으로」. 한국종교학연구회. ≪종교학연구≫, 제20집.

박승길. 1994. 「창가학회의 국내 성장과 그 의의」. 한국종교학회. ≪종교연구≫, 제10집.

_____. 1996. 「한국 속의 일본 신종교」. 김종서 외. 『현대 신종교의 이해』. 한국정신문화연구원.

_____. 2008. 『현대 한국사회와 SGI: 한국SGI와 대승불교운동의 사회학』. 도서출판 태일사.

박승길·조성윤. 2005. 「한국사회에서 타자로서의 일본종교와 타자 멘털리티의 변화」. 한국사회사학회. ≪사회와 역사≫, 제67집.

백승헌. 2000. 『종교정당 공명당과 중도주의』. 도서출판 두남.

서경식. 2006. 「새로운 민족관을 찾아서」. 임성모·이규수 옮김. 『난민과 국민 사이』. 돌베개.

서영애. 2003. 『일본문화와 불교』. 동아대학교 출판부.

쓰치야 히로시. 2011. 「'종교문화 교류'란 무엇인가」. 이원범·사쿠라이 요시히데(櫻井義秀) 편. 『한일 종교문화 교류의 최전선』. 도서출판 인문사.

신동호. 1996. 『오늘의 한국정치와 6·3세대』. 예문.

야스마루 요시오(安丸良夫). 2002. 『천황제 국가의 성립과 종교변혁』. 이원범 옮김. 소화.

윤인진. 2004. 『코리안 디아스포라』. 고려대학교 출판부.

이강오. 1992. 「일련정종 창가학회」. 『한국신흥종교총람』. 도서출판 대흥기획.

이케다 다이사쿠. 1996. 『인간혁명』, 제1권~제10권. 화광출판사.

이문웅. 1988. 「재일 제주인의 의례생활과 사회조직」. 제주도연구회. ≪제주도연구≫, 제5집.

_____. 1989. 「재일 제주인 사회에서의 무속」. 제주도연구회. ≪제주도연구≫, 제6집.

_____. 1998. 「재일 제주인 사회에 있어서의 지연과 혈연」. 『한국 인류학의 성과와 과제: 송현 이광규 교수 정년기념논총』. 집문당.

_____. 2000. 「재일 한인 사회에 있어서의 문화접변: '재일 광산김씨 친족회'의 사례를 중심으로」. 내산 한상복 교수 정년기념논총 간행위원회 편. 『한국문화인류학의 이론과 실천』. 소화.

이원범 외. 2007. 『한국 내 일본계 종교운동의 이해』. 제이앤씨.

이원범·남춘모. 2007. 「조직사회학적 관점에서 본 일본계 신종교 교단의 소집단 활동: 소집단 활동으로서 KSGI 좌담회 분석」. 한국일본근대학회. ≪일본근대학연구≫, 제16집.

장인성. 2003. 「총련계 재일한인의 민족정체성」. 서울대학교 국제학연구소. ≪국제지역연구≫, 12-4.

조성윤. 1998. 「정치와 종교: 조선시대의 유교 의례」. 한국사회사학회. ≪사회와 역사≫, 제53호.

_____. 2003. 『제주지역 민간신앙의 구조와 변용』. 백산서당.

_____. 2005. 「제주도에 들어온 일본종교와 재일교포의 역할」. 제주대학교 탐라문화연구소. ≪탐라문화≫, 제27집.

_____. 2005. 「한국에서의 천리교 포교와 조직」. 한국종교사학회. ≪한국종교사연구≫, 제13집.

_____. 2008. 「일본 속의 한국종교: 현황과 전망」. 한국종교학회. ≪종교연구≫, 제52집(가을), 1~25쪽.

탁명환. 1993. 「왜색종교의 확산실태: 일련정종 창가학회를 중심으로」. 국제종교문제연구소. ≪현대종교≫, 제227호.

허남린. 2000. 「일본 근세 초기에 있어서의 반기독교 정책과 사청제도의 성립」. 일본사학회. ≪일본역사연구≫, Vol.11.

홍성흡. 2002. 「일본의 촌락조직과 개인의 위상」. 한경구 외. 『한일 사회조직의 비교』. 아연출판부.

金贊汀. 2004.『在日, 激動の百年』. 朝日新聞社.

大西克明. 2009.『本門佛立講と創価學會の社會學的研究』. 論創社.

渡辺雅子. 2001.『ブラジル日系新宗教の展開』. 東信堂.

東洋大學社會學部社會調査及び實習. 1989.『お寺と在日: 生野區における日本佛教寺院と
　　　在日韓國・朝鮮人の關係』. 東洋大學社會學部.

_____. 1990.『天理教/在日/生野區: 混住コミュニテイーにおける新宗教の現在』. 東洋大學
　　　社會學部.

_____. 1991.『キムチと鳥居の赤色の町: 生野區における神社と在日との關わり』. 東洋大
　　　學社會學部.

藤井正雄. 1977.「新宗教の誕生と發展」. 笠原一男 編.『日本宗教史 II: 近世以後』. 山川出版社.

飯田剛史. 2002.『在日コリアンの宗教と祭り: 民族と宗教の社會學』. 世界思想社.

宝島社編輯部. 1995. ≪となりの創価学会≫, 別冊宝島 第225号. 宝島社.

ブライアン・ウイルソン・カレルドベラーレ. 1997.『タイムトウチャント: イギリス創価学
　　　会の社会学的考察』. 紀伊国屋書店.

西山茂. 1992.「在日韓國・朝鮮人の日本宗教への關与に關する社會學的研究」. 平成2・3年
　　　度科學研究費補助金(一般研究C) 研究成果報告書.

_____. 1992.「混住コミュニテイーの宗教變動: 日本宗教への在日韓國・朝鮮人の關與を中
　　　心に」. 蓮見音彦・奥田道大 編.『二十一世紀のネオ・コミユニテイ』. 東京大學出版會.

矢持辰三・井餘田儀郎. 1962.『天理教と創価学会』. 津東京布教所.

梁永厚. 1982.「‘在日’のシャーマン」. ≪三千里≫, 第30号.

歴史教科書 在日コリアンの歴史作成委員會. 2006.『歴史教科書 在日コリアンの歴史』. 明
　　　石書店.

鈴木広. 1970.「創価学会와 都市的世界」.『都市的世界』. 誠信書房.

原島嵩. 1969.『創価学会』. 世紀書店.

原尻英樹. 1989.『在日朝鮮人の生活世界』. 弘文堂.

_____. 1997.『日本定住コリアンの日常と生活』. 明石書店.

_____. 1998.『‘在日’としてのコリアン』. 講談社.

玉野和志. 2008.『創価学会の研究』. 講談社.

李元範. 1995.『日本の 近代化と民衆宗教: 近代天理教運動の社会史的考察』. 東京大学大学
　　　院博士学位論文.

猪瀬優理. 2011.『信仰はどのように継承されるか: 創価学会にみる次世代育成』. 北海道大
　　　學出版會.

井上順孝 外. 1996.『新宗教 教團・人物事典』. 弘文堂.

趙誠倫. 2001. 「日本における新宗教のアジア布教と民族問題」.『(財)日韓文化交流基金訪日研究最終報告書』.(財)日韓文化交流基金.

_____. 2006. 「在日コリアンの宗教: 調査の方向と課題」. 北海道大學國際 workshop 韓日宗教文化交流研究の現狀と課題.

_____. 2007. 「日本創価學會の中の在日Korean」. 朝鮮史研究會. ≪朝鮮史研究會會報≫, 第168号.

宗教社會學の會. 1985.『生駒の神ケ: 現代都市の民俗宗教』. 創元社.

_____. 1995.『神ケ宿りし都市: 世俗都市の宗教社會學』. 創元社.

_____. 1995.『宗教ネットワーク―民俗宗教・新宗教・華僑・在日コリアン―』. 行路社.

中野毅. 2003.『戰後日本の宗教と政治』. 大明堂.

編輯部. 1992.『社会科学総合辞典』. 新日本出版社.

幸福の科学総合本部広報局. 1995.『創価学会亡国論』. 幸福の科学出版株式会社.

_____. 1995.『創価学会負け犬論』. 幸福の科学出版株式会社.

_____. 1995.『創価学会 ドラキュラ論』. 幸福の科学出版株式会社.

Hammond, Philip and David Machacek. 1999. *Soka Gakkai in America: Accomodation and Conversion*. Oxford University Press.

Hardacre, H. 1984. *The Religion of Japan's Korean Minority: The Preservation of Ethnic Identity*. Institute of East Asian Studies.

McFarland, H. Neill. 1967. *The Rush Hour of the God: A Study of New Religious Movements in Japan*. New York: Harper & Row.

Wilson, Bryan and Karel Dobbelaere. 1994. *A Time to Chant: The Soka Gakkai Buddhists in Britain*. Oxford: Oxford University Press.

지은이_ 조성윤

서울에서 태어나 서울 사람으로 살다가 1982년 제주대학교 사회학과 교수로 부임하면서부터 제주 사람이 되었다. 공부하고 싶은 것, 연구해야 할 것들이 많아 오랫동안 논문 발표에 열중했으나 최근에는 자신의 연구를 여러 사람과 공유하기 위해 공부한 것들을 책으로 출판하자고 마음을 먹었다. 논문으로 「임오군란의 사회적 성격」, 「조선후기 서울 주민의 신분구조와 변동」이 있으며, 저서로 『제주지역 민간신앙의 구조와 변용』(공저), 『일제 말기 제주도 일본군 연구』(엮음), 『빼앗긴 시대 빼앗긴 시절: 제주도 민중들의 이야기』(공저)가 있다. 현재 '오키나와 전쟁의 기억', '남양군도', '일본 신종교의 평화운동' 등의 연구를 진행하고 있다.

한울아카데미 1524

창가학회와 재일한국인

© 조성윤, 2013

지은이 | 조성윤
펴낸이 | 김종수
펴낸곳 | 도서출판 한울

편집책임 | 이교혜

초판 1쇄 발행 | 2013년 2월 28일
초판 2쇄 발행 | 2014년 6월 20일

주   소 | 413-756 경기도 파주시 광인사길 153 한울시소빌딩 3층
전   화 | 031-955-0655
팩   스 | 031-955-0656
홈페이지 | www.hanulbooks.co.kr
등록번호 | 제406-2003-000051호

Printed in Korea.
ISBN 978-89-460-4869-0 93290

* 책값은 겉표지에 표시되어 있습니다.